Betzaida Vargas

NUNCA MÁS
TE SENTIRÁS
Sola

BOLETO
#1

Encontrarás apoyo, inspiración y compañía en la

Excursión para Mujeres sin Marido

Usa este libro para bendecir tu vida y la vida de las mujeres de tu aldea.

Con cariño,

Bethany
6/2020

Este boleto pertenece
a la Mujer #1

SAMARITANA DEL POZO

Boleto Nº1

RUTA CAMINO SAGRADO

SAMARITANADELPOZO.COM

"Me escuchaban y esperaban,

y guardaban silencio para oír mi consejo.

Después de mis palabras no hablaban de nuevo,

*y sobre ellos caía **GOTA A GOTA** mi discurso".*

Job 29:21-22 (LBLA)

....

«Fortalezcan a los débiles, den fuerza a los cansados,

y digan a los tímidos: "¡Anímense, no tengan miedo!

Dios vendrá a salvarlos, y a castigar a sus enemigos".

Entonces se abrirán los ojos de los ciegos y

se destaparán los oídos de los sordos;

los que no pueden andar saltarán como venados,

y los que no pueden hablar gritarán de alegría.

En medio del árido desierto brotará agua en abundancia;

en medio de la tierra seca habrá muchos lagos y manantiales;

crecerán cañas y juncos donde ahora habitan los chacales,

en pleno desierto habrá un sendero

*al que llamarán **CAMINO SAGRADO**.»*

Isaías 35:3-8

Nunca más te sentirás sola

Encontrarás apoyo, inspiración y compañía en la Excursión para Mujeres sin Marido.

Edición Revisada 2020

ISBN 978-1-7331240-6-5 (Carpeta blanda)

ISBN 978-1-7331240-0-3 (Ebook)

Library of Congress Control Number: 2019906011

Diseño y fotografía de portada: Betzaida Vargas

Diseño interior y gráficas: Betzaida Vargas

Impreso en Estados Unidos

Dedicatoria

Dedico este libro a todas las mujeres que hubieran deseado vivir siempre felices en sus aldeas, pero al igual que yo, han tenido que pasar o aún están pasando por el tenebroso bosque y viven entrando y saliendo de él.

Muy en especial, dedico este libro a las mujeres que murieron en el bosque y que nunca lograron salir de él. Sé que, en tu aldea, al igual que en la mía, corre todo tipo de rumores escandalosos, historias tenebrosas, fábulas tristes, y leyendas fascinantes sobre las *#mujeres del bosque*.

Es como si en cada familia hubiera al menos una mujer de estas, o si cada persona en la aldea conociera a una mujer que murió al pasar por el bosque, hace frecuentes visitas, o vive condenada y amarrada allí.

En honor a esas mujeres que se convirtieron en árboles caídos, ¡salgamos todas vivas del bosque y no regresemos jamás!

Agradecimientos

Ante todo, le agradezco a Dios la confianza que tuvo en mí al entregarme la responsabilidad de fundar y desarrollar un ministerio exclusivo para mujeres sin marido. Sé que Él va delante de mí en todo momento, por lo cual vivo confiada de que cumpliré sin demora la misión que me encomendó.

Deseo expresar mi gratitud a las siguientes personas que, de diferentes maneras, han sido claves en el desarrollo de mi vida ministerial y de la producción de este libro.

A mi esposo, Wilfredo Arroyo, por haberme invitado a su iglesia el mismo día que me conoció. Vivo agradecida por su sencillez, dulzura, apoyo y comprensión hacia mí, mis hijos, mi ministerio y el desarrollo de este libro.

A mis hijos, porque han aprendido a compartir a su mamá con mi ministerio y porque han aceptado con buen ánimo todos los cambios que hemos tenido que enfrentar.

A las miles de mujeres de muchos países del mundo que me siguen a través de las redes sociales, a las que he conocido personalmente, a las voluntarias y a las que se reúnen en los "pozos" de nuestro ministerio. Todas me bendicen con sus comentarios, recomendaciones, cariño, apoyo y confianza.

NUNCA MÁS TE SENTIRÁS SOLA

A quienes deseo ayudar

A través de este libro deseo ayudar a que las mujeres encuentren su Camino Sagrado hacia el Pozo, aprendan a recorrer su aldea y sean felices viviendo en ella. Deseo que salgan del Tenebroso Bosque y no regresen jamás. Quiero ayudar a:

1. La *Mujer #1* que es nuestra invitada especial. Deseo que aprenda Promesas de Dios, las cuales le servirán para vivir en su aldea sin problemas ni tropiezos.

2. Mujeres divorciadas para que dejen atrás la vergüenza, descubran su lugar ideal y entiendan que sobrevivirán.

3. Viudas para que sepan que Dios no se ha olvidado de ellas.

4. Madres solteras y mujeres abandonadas, para que sepan enfrentar la vida y criar hijos felices.

5. Mujeres "infelizmente casadas" que aunque sus esposos están presentes, ellas se sientan *"como solas"*.

6. A las mujeres felizmente casadas, para que sean humildes y compartan sus bendiciones sin soberbia a fin de no despreciar a las demás.

7. A las solteras, para que aprendan de las que hemos sufrido y para que no caigan en la trampa al decir como un día dije yo: *"Eso a mí no me va a pasar"*.

8. A cualquier mujer, de cualquier estado civil ya que al enseñarles el Camino Sagrado hacia el Pozo les estaré mostrando una mejor manera de vivir.

BETZAIDA VARGAS

Sobre la Autora

Betzaida Vargas es la fundadora y directora ejecutiva de la organización sin fines de lucro Samaritana del Pozo. En el 2011 fue invitada por primera vez a una iglesia cristiana evangélica en donde comenzó a leer la Biblia y a restaurar su vida. Desde el 2015 ella ha dedicado su vida a apoyar, inspirar, educar y evangelizar mujeres divorciadas, viudas y madres solteras; luego de haber superado secuelas de abusos sexuales en su niñez y tres divorcios. A través de las redes sociales, podcast, revista digital, libros, eventos, conferencias, blog y estudios bíblicos, ha alcanzado a millones de mujeres en más de 65 países. Las páginas de Samaritana del Pozo en las redes sociales, en donde Betzaida escribe diariamente por los pasados tres años, cuentan con más de 200,000 seguidoras. Ella es autora del estudio bíblico *6 Promesas de Restauración para mujeres sin marido*, el cual ha sido impartido por líderes de "pozo" en más de 700 "pozos" (grupos de apoyo) en todos los países de habla hispana. Betzaida realizó un total de 11 viajes misioneros entre 2018 y 2019. En cada país ha presentado el ministerio y ha facilitado capacitaciones y conferencias para líderes y mujeres. Estos países incluyen a Brasil, México, España, Puerto Rico, Cuba, Estados Unidos, Ecuador, Guatemala, República Dominicana y El Salvador. Posee los siguientes grados universitarios: un BBA en Mercadeo, un MBA en Gerencia de Negocios y actualmente cursa una maestría en Teología en Southwestern Baptist Theological Seminary. En el 2019 Betzaida se unió al equipo de John Maxwell Español. Trabajó más de 14 años para agencias gubernamentales de servicios sociales. Nació en Puerto Rico de donde emigró a Estados Unidos hace 20 años. Vive en el estado de Florida en Estados Unidos con sus dos hijos y su esposo.

Para información sobre disponibilidad para ofrecer conferencias para mujeres o capacitación para líderes envíe email a:

lideres@samaritanadelpozo.com

Estudios Bíblicos

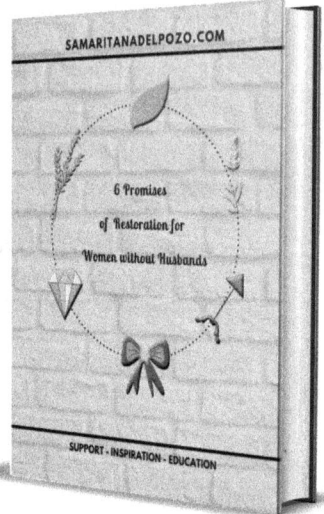

Consígalos en amazon.com y samaritanadelpozo.com

Contenido

INTRODUCCIÓN

Bienvenidas a Promesa

ERASE UNA VEZ, EN UNA CERCANA ALDEA

Bienvenidas a Promesa, mi amada aldea. Hasta aquí me trajo Dios y en este mi nuevo hogar, decidí aprender una mejor manera de vivir. Por muchos años viví renegando y maldiciendo mi estadía en cualquier lugar donde residía. Me sentía incómoda en cualquier aldea, barrio, ciudad, país o continente. Vivía huyendo, mudándome y escondiéndome. La desgracia me perseguía, el sufrimiento era una constante; mi alma no tenía descanso. Eso cambió cuando emigré a esta aldea; muy lejos de donde nací. En realidad, esta es una ciudad, pero yo insisto en llamarla mi aldea, ya que la aldea de mi corazón no tiene jurisdicción. Los límites de mi aldea se expanden más allá del territorio de esta bella tierra que me acoge.

Llevo en mi corazón a mis ancestros, que llegaron a esta parte del mundo desde lejanas aldeas de Europa y África y se unieron con mis ancestros locales, los nativos americanos. Muchos de ellos llegaron a estas tierras del Nuevo Mundo por decisión propia, otros fueron forzados a venir. Creo que este deseo de vivir en aldeas corre por mis venas. De algunos de ellos heredé las ganas de sobrevivir, la resistencia a los golpes de la vida, el tostado color de mi piel, la urgencia de usar lápiz labial y mis amplias caderas.

Mi nombre es Samari Del Pozo-Arroyo y aquí, en esta aldea, me siento feliz. Tal vez el motivo de mi comodidad es porque en el centro de la aldea se encuentra un Pozo de agua cristalina que le hace honor a mi apellido. Esto ha sido pura coincidencia, aunque debo admitir que ahora me gusta más decir mi apellido, como si por fin le hubiera encontrado el propósito al nombre de mi familia.

No tengo problema alguno en revelar mi edad; coleccioné una cantidad impresionante de sabiduría en estos 47 años. Cada cabello blanco que exhibo en mi platinada melena, me lo gané. Aquí vivo feliz, con mi hija de 24 años, Lucerito Torrente; mi hijo de 13 años, Angelito Gabriel del Río y con mi cuarto esposo, Justo Arroyo. Antes de estar *permanentemente felizmente casada* con este marido, estuve *brevemente felizmente casada* y después *rápidamente infelizmente casada* con otros tres hombres. Todos en esta familia tenemos apellidos distintos. Eso sí, somos una familia y hasta nuestros apellidos están relacionados; todos tienen que ver con cuerpos de agua. Lo que enseño, comento y comparto, no lo leí ni me lo contaron. Todo lo he experimentado en mi piel.

Mi segundo apellido, Arroyo, lo heredé de mi esposo. Este hombre fue el que me invitó y me escoltó a una iglesia cristiana evangélica por primera vez cuando yo tenía 39 años y medio. Él ha hecho mucho por mí, pero nada de lo que haga superará lo que hizo aquel miércoles que me conoció. Ese día me invitó a su iglesia, y cuatro días después, comenzó una nueva etapa en mi vida.

En esta aldea vive mucha gente, no es un lugar perfecto, ni tampoco es mejor que las otras aldeas donde he vivido. En esta pintoresca aldea todo el mundo se conoce. Cuando estás en la gloria, todo el mundo te felicita y la aldea celebra contigo. Cuando caes en desgracia, todo el mundo se entera y tu vergüenza es pública también. Por eso, he aprendido a mantener una vida sin escándalos y a ser compasiva cuando alguien cae en desgracia.

Estamos bendecidos con una población multicultural que, al igual que yo, han llegado a Promesa de diferentes aldeas del mundo. El racismo no es un gran problema aquí. Hay tolerancia, no sé si por respeto a las leyes, por amor al prójimo o por pura hipocresía. Aquí viven familias con muchos niños, ancianos, homosexuales, prostitutas, religiosos, indigentes, gente rica, gente pobre y todo tipo de profesionales. Esta aldea tiene la particularidad de tener una alta cantidad de mujeres sin marido que son: divorciadas, viudas, madres solteras o separadas de sus esposos. Otras que si tienen maridos insisten que son "como si no tuvieran ninguno". La mayoría de estas mujeres sin marido son visitantes frecuentes del sitio más peligroso de la aldea, el Tenebroso Bosque Medio Seco, por lo cual algunos por aquí se refieren despectivamente a este tipo de mujer como la **#locadelaaldea**.

Me dedico a dos grandes proyectos en Promesa: a la rotulación del Bosque Medio Seco, para que ninguna mujer se pierda en él; y a la construcción de "pozos" de agua viva, hacia donde dirijo a las mujeres luego de sacarlas del bosque. Como parte de la construcción de pozos realizo una excursión en un bus festivo titulada *Excursión para Mujeres sin Marido*, en la cual ustedes participan hoy. Esta excursión esta diseñada para mujeres que están cansadas de sufrir y que dicen: *"Ya no aguanto más esta vida que estoy viviendo. Esta es la última gota".*

Nuestra frase promocional es: *Iremos Gota a Gota por el Camino Sagrado.* Esta excursión comenzará pronto y durará desde que sale el primer rayo de luz hasta el atardecer. Nuestra ruta será a favor de las manecillas del reloj por la Avenida Camino Sagrado. Esta avenida tiene forma de hexágono (6 lados) y conecta el centro de la aldea con las seis áreas principales de Promesa. En esta excursión les enseñaré 6 Promesas, las cuales encuentro cada día en mi caminar por esta aldea. Estas Promesas a mi me salen hasta en la sopa.

¡Tomen asiento y ajústense el cinturón, ha comenzado la excursión!

Leyenda del Mapa de la Excursión

Nuestra ruta será por la avenida Camino Sagrado,
a favor de las manecillas del reloj.

P=Parada

P1 - Tenebroso Bosque Medio Seco

P2- Mercado La Providencia

P3- Hogar, Protegido Hogar

P4- Centro del Pueblo

P5- Conglomerado de Iglesias El Pedregal

P6- Jardín Botánico El Semillero

P7- Pozo Agua Viva

MD- Muro de la Desesperación

VD- Vertedero El Desecho

DP- Mar Dulce Promesa

Mapa de la Excursión

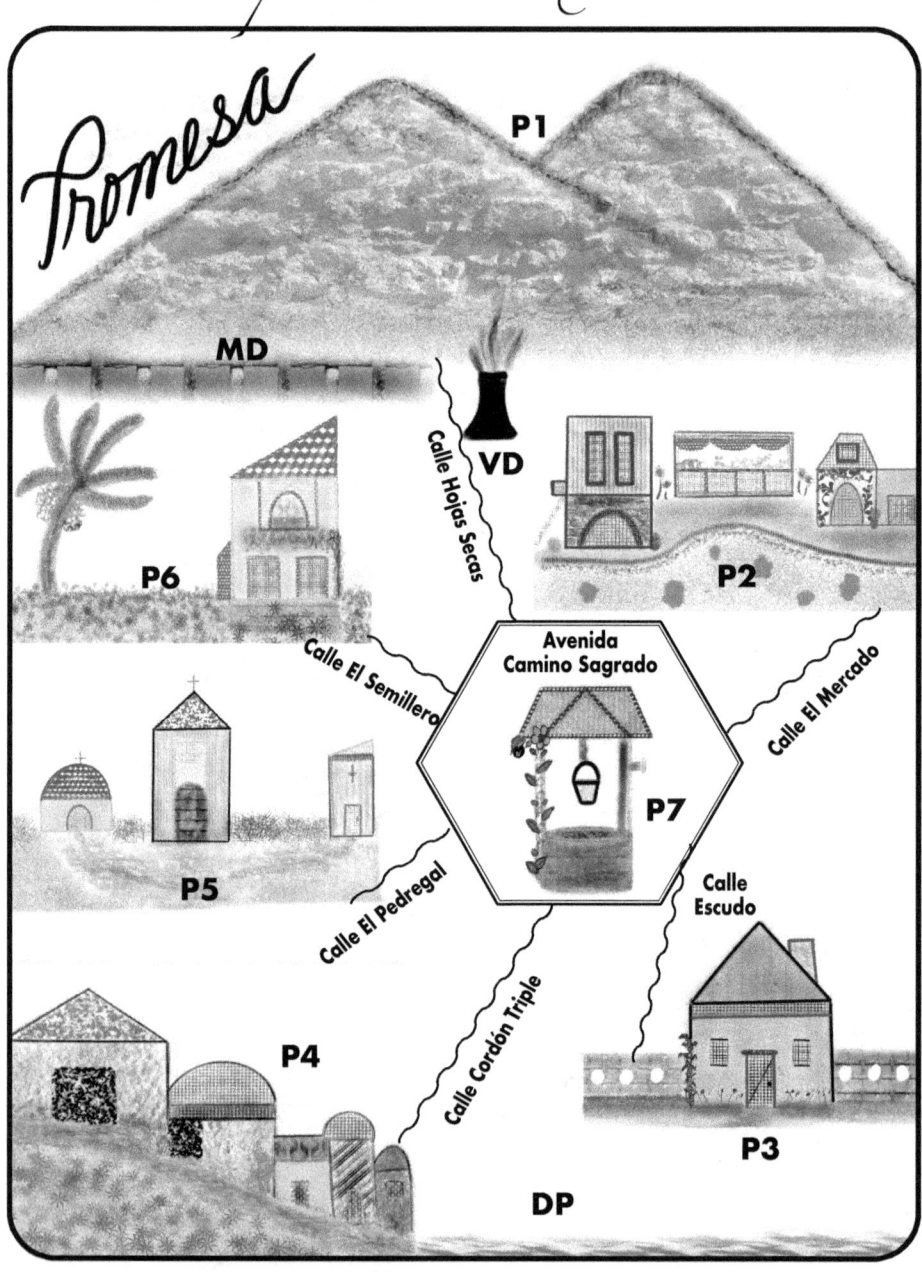

Promesa

P1

MD

Calle Hojas Secas

VD

P6

P2

Calle El Semillero

Avenida
Camino Sagrado

Calle El Mercado

P7

P5

Calle El Pedregal

Calle
Escudo

P4

Calle Cordón Triple

P3

DP

PARADA #1

Tenebroso Bosque

Medio Seco

"Tan pocos árboles quedarán en su bosque
que hasta un niño podrá contarlos".
Isaías 10:19 (NVI)

UNA PROMESA DE RESTAURACIÓN
¡OLVIDARÁS LO MALO!

Objeto que nos recuerda esta promesa: Hojas verdes

"He visto al déspota y malvado extenderse como cedro
frondoso. Pero pasó al olvido y dejó de existir;
lo busqué, y ya no pude encontrarlo".
Salmo 37:35-36 (NVI)

*E*mpezaremos el recorrido de la aldea adentrándonos en el Tenebroso Bosque Medio Seco. Vamos a hacer una sencilla oración para que se cumpla lo que dice la Biblia: *"Andarás por la vida, sin problemas ni tropiezos". (Proverbios 3:23)*

"Señor, pedimos tu bendición en este día. Protégenos en el recorrido, guarda nuestras familias en nuestra ausencia, abre nuestros corazones para discernir tu sabiduría, y permite que este día sea el primero de un nuevo comienzo lleno de bendiciones. Amén".

Sé cómo se sienten. Se estarán preguntando que hacen en esta excursión con diez mujeres desconocidas y cuál será el beneficio. Se nos unió una mujer extra, para la cual hemos reservado el mejor asiento en nuestro cómodo y moderno bus. Esa mujer es conocida como la **Mujer #1,** nuestra invitada especial que nos acompaña hoy con este libro en sus manos y que vive en alguna aldea del mundo. Relájense, no permitimos hombres en esta excursión. Como recordatorio, en la puerta de entrada al bus hay un rótulo que enfatiza: *Solo para mujeres.* Disfruten de la refrescante infusión con rodajas de limón y hojas de yerbabuena trituradas que hemos preparado para mantenerlas hidratadas.

En esta excursión nos acompaña Flora, una mujer de tez clara y largo cabello color castaño. Tiene 32 años y llegó a Promesa siendo inmigrante ilegal. No habla el idioma de Promesa ni tampoco entiende la cultura de aquí. Tiene dos trabajos que requieren mucho esfuerzo físico. Uno de sus trabajos es en la agricultura y otro es como empleada doméstica. Trabaja mucho para olvidar las penas y porque otros dependen de ella. De lo que gana, le envía dinero a sus hijos y a su madre en su país natal. Vive hacinada en una casa con otros inmigrantes y comparte su cuarto con 3 mujeres. Flora nos dijo:

–Decidí unirme a la excursión porque quisiera dejar atrás la pena y la nostalgia que siento al estar lejos de mi familia. Deseo olvidar los abusos de mi niñez y al esposo que me engañó con otra cuando partí de mi tierra natal buscando un mejor porvenir. Él rompió el acuerdo que teníamos de que me seguiría, y que nos reencontraríamos como una familia. Extraño a mis hijos y deseo tenerlos conmigo.

Consolamos a Flora y le aseguramos que de esta excursión ella podría salir con una preciosa carga de hojas verdes y semillas para forjar un mejor futuro. Ella se dará cuenta de que debe dejar las hojas secas que la retienen sufriendo en el bosque. Atrás podrá dejar el rencor y los deseos de venganza para concentrarse en avanzar feliz por la vida.

Mientras seguimos adentrándonos por estos caminos enfangados hacia la entraña del bosque, les iré describiendo este lugar. Disfruten también de la música de fondo que es un reguetón caribeño. Pongan esa misma pasión y dramatismo en lo que harán hoy en este bosque.

No podemos entrar aquí con música melancólica. Necesitamos un poco de acción, determinación y empuje. Vayan preparando su mente y su corazón para recoger en este bosque lo que les conviene, y dejar atrás lo que les hace daño. El estribillo principal de la canción dice así:

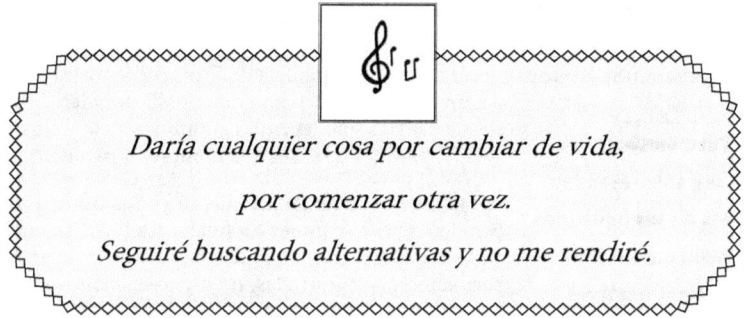

Daría cualquier cosa por cambiar de vida,

por comenzar otra vez.

Seguiré buscando alternativas y no me rendiré.

El bosque es un sitio tenebroso; no tiene luz, ni calles, ni guías. Nadie debería adentrarse a estos terrenos solitarios porque aún los que lo conocen bien, están en riesgo de perderse. Ningún camino está asfaltado y no hay rótulos que te dirijan. Es extremadamente caluroso y húmedo de día, y muy frío y tenebroso de noche. Se escuchan rugidos escalofriantes de bestias a cualquier hora. Abundan insectos, perros hambrientos y jabalíes salvajes que les encanta revolcarse en el lodo.

Hay cientos de panales de abejas albergados en los árboles que están medios secos en este bosque. Dentro de esa corteza negra y rugosa hay una miel deliciosa y pura. Pero al igual que lo bueno y dulce que la vida ofrece, obtenerla requiere trabajo, dedicación y destrezas especiales. De vez en cuando por estos terrenos e inesperadamente, aparecen culebras. Algunas tienen un carácter amistoso, mientras que otras son venenosas. Rara vez estos animales del bosque andan solos ya que les gusta la compañía.

A lo lejos se divisan los picos montañosos de Promesa, cubiertos de algunos árboles saludables y de otros casi secos. Debes pasar por aquí para llegar a una pequeña cueva conocida como la Cueva de las Cadenas. Se le llama así por la cantidad de pedazos de hierros que se divisan en sus alrededores que son como pedazos de cadenas rotas. Todos saben que al anochecer en esa cueva húmeda, muchas mujeres de la aldea pernoctan encadenadas y hacinadas en condiciones deplorables, y aunque murmuran sobre el tema, pocos hacen algo por rescatarlas. Aun sin ayuda y comprensión, muchas mujeres logran escapar de sus condenas y se liberan de sus cadenas. Algunas se tardan días en liberarse mientras otras tardan años para lograr escapar de la esclavitud, la frialdad y la dureza del bosque. Conozco cada pulgada de esta cueva, la agonía que se siente al visitarla noche tras noche y la libertad que se siente al desatarse las cadenas.

Cuando llueve en el bosque la tierra queda desnivelada, con huecos, fangosa, y se dificulta más la entrada y la salida. La extensa y angosta entrada tiene verjas rústicas de palos de madera. A la orilla del camino sobreviven árboles de apariencia moribunda, flacos y secos de los cuales sus hojas pueden ser contadas. Desde la entrada hasta la entraña del bosque, se observan cruces de palos secos de madera amarrados con bejucos. Estas cruces no tienen nombres ni flores, ni adornos. Fervorosamente especulan en la aldea, que estas cruces representan los cuerpos de mujeres que han sido encontradas sin vida en el bosque.

Estas son mujeres anónimas que desaparecieron de alguna manera. Algunas murieron de pena, otras por ataques al corazón causados por el exceso de sufrimiento, asesinadas a puñaladas, a tiros, calcinadas, mutiladas, atacadas sexualmente, torturadas, golpeadas y una que otra suicida. A algunas mujeres nunca nadie las extrañó, ni reclamó, o sencillamente no las pudieron encontrar. Abundan en el cuartel de la policía de Promesa reportes de mujeres desaparecidas, pero nadie da con su paradero. Para muchos, ellas son solo leyendas anónimas de las injusticias de la vida, pero Dios sí sabe sus nombres y paradero.

Para muchos, ellas son solo leyendas anónimas de las injusticias de la vida, pero Dios sí sabe sus nombres y paradero.

Sus familiares también las buscan con la esperanza de saber algo de ellas y poner un final a esa historia, cualquiera que sea el desenlace. Algunas tal vez estén muertas, otras permanecen secuestradas, o en países lejanos siendo víctimas de trata humana, pero todas tienen en común el haberse convertido en árboles caídos del cual pueden hacer leña.

Otras mujeres que fueron bendecidas lograron ser rescatadas del bosque tan solo con cicatrices o con huesos rotos. Pero las mujeres que más abundan por aquí son las que salen con heridas en el corazón que, aunque no se notan, sangran internamente y dejan marcas en el alma. Aquí se encuentra también, ocasionalmente, uno que otro hombre muerto. Ellos también hacen visitas al bosque, pero por razones distintas a las de las mujeres, y a una escala mucho menor. En los últimos cinco años se han encontrado aquí solamente dos hombres muertos. Cada semana se encuentra el cuerpo de una mujer. En fin, esto es un mal sitio para que una mujer esté de paseo.

Importancia de las hojas verdes

En este bosque medio seco, hay uno que otro árbol Sangre de Drago *(Croton Lechleri)*, los cuales, al hacerles una hendidura en la corteza, destilan una sustancia roja y espesa que parece sangre. Curiosamente, las hojas de este árbol son en forma de corazón La mayoría de los árboles secos están invadidos por unas plantas colgantes y delgadas de color gris llamadas musgo español. Esto aumenta el efecto nostálgico de este bosque, porque esas plantas se mueven suavemente con el viento como días interminables tomados en cámara lenta. Por la noche estas plantas colgantes parecen siluetas misteriosas que estrechan sus manos para agarrarnos y nos mantienen al borde de un ataque al corazón.

En este bosque hay muchas plantas venenosas y regaderas invasoras por lo cual es imposible relajarse aquí. No sabes con qué te vas a encontrar en el camino. Hay una flor que tan solo abre de noche y se cierra en la mañana. Su nombre es Dama de Noche. Esta es una de las dos flores que existen en este bosque. La otra flor que sobreabunda aquí es una preciosa orquídea rosada la cual se ha adaptado para sobrevivir y prosperar por todo Promesa. Esta orquídea es capaz de crecer y florecer entre las piedras, en los troncos de los árboles o en contenedores. Sobrevive ya sea que reciba solo unas gotas de rocío en la mañana o mucha agua. Nunca ves una de estas flores sola, siempre crecen en grupos. Todos en Promesa saben que estas flores se reproducen fácilmente y que prosperan en cualquier ambiente. Los árboles tienen algunas hojas verdes y frutos, pero son muy limitados. A las hojas verdes y a las semillas productivas debes saber dónde encontrarlas y cómo identificarlas. Es una destreza que desarrollas aquí en el bosque y que te permite distinguir entre una semilla mala y una buena, entre una hoja verde y una seca. Hay también una extensa cantidad de plantas que aparentan no tener uso, pero son capaces de curar diversos males. Las hojas verdes de los árboles del bosque no solo sirven para darnos sombra. Cumplen con unas funciones indispensables para nuestra vida y subsistencia. En el área científica, se le conoce a este proceso como fotosíntesis.

Este proceso purifica el aire que respiramos. Cuando la hoja verde absorbe la luz del sol, entra a ella el ácido carbónico que es dañino para los seres vivos, pero la hoja verde lo filtra y lo convierte en oxígeno que es necesario para que los seres vivientes puedan respirar y mantener la vida. Se dice que los bosques son los pulmones del mundo gracias a este proceso que solamente es llevado a cabo por las hojas verdes. Ninguna otra materia viva puede hacer lo que hacen este tipo de hojas. En nuestras vidas podemos hacer un proceso similar al que llamaré *#fotosíntesis del pasado.* En este proceso, nuestras hojas verdes absorbieron lo malo del pasado, pero lo purificaron hasta convertirlo en algo beneficioso para nuestras vidas. Esas hojas verdes que hoy se llevarán de aquí, representan la culminación y el provecho de los procesos de vida que han enfrentado. Son las hojas que necesitan para vivir y que pueden incluir el amor por la familia, sus logros pasados, su cultura, sus creencias y su esencia. Esas son las hojas verdes que vale la pena cargar por la vida. Las hojas verdes de nuestra vida son hojas procesadas que nunca se marchitarán. Las hojas secas de nuestro pasado ya no producen oxígeno, ni son capaces de filtrar ni procesar nada. Muchas mujeres cargan por la vida con hojas pesadas y secas, que además de alterar la belleza del panorama, no dejan que ninguna hoja verde crezca en su vida. A algunas de estas hojas secas se las llevará el viento, mientras que otras terminarán siendo materia orgánica, descompuesta y usada para abonar este terreno; tal vez para que mejores semillas puedan ser sembradas. Las hojas secas pueden ser aquella persona que nos abandonó, que nos rechazó, ese hombre que prefirió a otra, que abusó de nosotras, algún vicio que controla nuestras vidas, estilos de vida dañinos, cualquier persona que nos hizo daño, las frustraciones, las decepciones y todas las pérdidas de posesiones materiales que hemos tenido en la vida. En fin, es todo lo del pasado que hay que dejar atrás y que ni edifica ni es útil. La colección de semillas que recojan en este bosque al visitarlo por última vez, será con la esperanza de que germinarán y se convertirán en hojas verdes productivas que producirán oxígeno y que las ayudarán a mantenerse vivas.

> **Esas hojas verdes que hoy se llevarán de aquí, representan la culminación y el provecho de los procesos de vida que han enfrentado.**

#Mujeres del Bosque

En este bosque las mujeres en crisis, las que sufren del "mal de amores", maltratadas, decepcionadas y deprimidas, desperdician la mayor parte de su tiempo, o al menos de sus noches. Estas son mujeres que viven llorando gotas de dolor, enfermas de amor y con el corazón triste. La mayoría de ellas sufrieron decepciones causadas por la traición, burla, desprecio o abandono de un hombre. Hay mujeres que superan rápidamente estas situaciones y pérdidas. Otras se tardan años y muchas nunca las superan. Deseo que sepan que se puede salir ilesa de aquí; que hay vida más allá de los límites del bosque. En la excursión, haremos énfasis especial en estas mujeres que, en nombre del amor, siguieron a un hombre y como resultado terminó todo en penas y maldiciones para ellas. Abundan también en el bosque mujeres engañadas, enfermas, acomplejadas, privadas de su libertad, resignadas, dependientes, sumisas, maltratadas física y emocionalmente; mujeres que se sienten solas, feas, despreciadas y muy infelices. Se encuentran y convergen en la cueva fría y en los caminos enfangados del bosque, las mujeres problemáticas de la aldea, las que cargan con la vergüenza de un pasado complicado, las que ocultan un presente bochornoso y aquellas mujeres que, debido a alguna pérdida, no encuentran cómo enfrentar el porvenir.

A este bosque acuden mujeres de todos los niveles sociales y educativos, de todas las edades y nacionalidades. Lamentablemente, abundan en el bosque niñas y niños muy pequeños y jovencitas las cuales son abusadas física y sexualmente por familiares, amigos, conocidos, maestros o figuras religiosas que son tan detestables como los crímenes que cometen. Algunas de las visitantes del bosque son jóvenes y están cometiendo errores de juventud. Otras, de edad avanzada, están actuando como jovencitas. Algunas son infelizmente casadas, otras son viudas, unas son madres solteras, algunas estériles, otras son divorciadas. La rudeza del bosque tenebroso no hace acepción de personas. Muchas tienen doble vida y aparentan ser buenas mujeres, pero en lo oculto, allá donde nadie las ve, son alcohólicas, compradoras compulsivas, adictas a la pornografía o al juego, padecen trastornos alimenticios, creen en brujerías, entretienen el marido de otra o abusan de sus hijos.

> **Algunas de las visitantes del bosque son jóvenes y están cometiendo errores de juventud. Otras, de edad avanzada, están actuando como jovencitas.**

Una vez que una mujer entra aquí voluntaria y fácilmente, se le hace muy difícil escaparse del tenebroso bosque. Salir de aquí es casi imposible. Estas mujeres aprenden a manejar una doble vida. De día trabajan, crían a sus hijos y permanecen donde otros las ven, pero es en la oscuridad y silencio de la noche cuando ellas pueden dejar de fingir lo que no son y logran escaparse al bosque a llorar sus penas. Por esa razón, comenzamos la excursión a la salida del bosque temprano en el amanecer, donde recogemos a las mujeres que salen del bosque, algunas más enfangadas que otras a fin de enfrentar otro día más de sus vidas. Entonces hacen un esfuerzo para que no se les note sus penas, se dirigen a sus aldeas, se tapan el dolor con maquillaje, disfrazan sus problemas con ropa colorida, van a producir en sus trabajos y así sobreviven un día más. Toda esta rutina es la que viven ellas hasta que nuevamente llegue la noche a donde la mayoría regresa voluntariamente a amarrarse en la Cueva de las Cadenas. Algunas mujeres hacen del bosque su casa permanente y se pasan aquí sus días y noches, pero muchas reconocen que hay una mejor manera de vivir. Muchas de estas mujeres salen ocasionalmente del bosque, pero por poco tiempo, ya que regresan rápidamente al lugar al que ellas creen que pertenecen creyéndose mentiras como: *"Esta es la vida que me tocó vivir", "No hay remedio, nadie me ayuda", "Es que lo amo"* y otros pensamientos siniestros que le paralizan la voluntad y las ganas de vivir. Muchas mujeres reciben consejería cuando salen del bosque, pero de nada les sirve, porque ellas encuentran el camino de regreso de donde salieron. Piensan que esta vez les irá mejor.

La mayoría de las mujeres quieren pasar por un proceso corto de crisis pero siguen adentrándose en el bosque alegando *"Eso no me va a pasar a mí".* Otras, llegan forzadas y se acostumbran a vivir en la intemperie y deciden quedarse aunque tengan la oportunidad de escapar. Las más engreídas, por el contrario, desean regresar rápidamente al jardín, a donde creen que pertenecen. Esas son las que mueren o se lastiman gravemente tratando de brincar el Muro de la Desesperación. Esta es una verja súper alta de metal con bordes puntiagudos y cortantes que sirve de división entre el precioso Jardín Botánico y el Tenebroso Bosque. Para evitar que intenten brincar, yo les recuerdo estas palabras de parte de Dios:

"¿Qué pretenden, acampando aquí

afuera alrededor de la muralla?

¡Si lo hacen otra vez, los arrestaré!"

Nehemías 13:21 (NTV)

Este problemático, controversial y disputado muro merece que lo veamos más de cerca. La población de Promesa está dividida de acuerdo a las opiniones de las personas acerca del muro. Algunos no ven ningún propósito en tener una barrera física que separe la gente feliz y próspera de la gente triste y necesitada. Otras personas alegan que la gente del jardín debe sentirse feliz y segura de que no se adentrarán y se perderán en el tenebroso bosque. Vamos a tomar un merecido descanso en los alrededores del muro mientras tratamos de entender las etiquetas sociales de Promesa. Desde aquí se divisa bien a lo lejos el bullicio de felicidad de las mujeres y familias en el Jardín Botánico El Semillero, el lugar más elegante de Promesa. Esas mujeres felices son las que toman la caminata de *Sanación Ecológica* desde el Jardín Botánico con el objetivo de aprender a distinguir cuales son las hojas curativas y alimentos silvestres en el bosque para ser usadas en emergencias. Ellas se acercan bastante con un líder y de lejos nos ven a nosotras que estamos del otro lado del muro. No obstante, ellas ignoran totalmente a las que no tomamos esas excursiones divertidas, porque conocemos la dura realidad de este lugar. Esas mujeres felices y prósperas saben que del otro lado del muro solo están las sufridas de la aldea, las llamadas #mujeres del bosque o las que algunas de ellas llaman despectivamente como las #locas de la aldea.

Por lo general, las mujeres del bosque piensan que regresar del bosque al jardín es la ruta más corta y la más fácil, pero se equivocan. Creen que brincar el muro les resuelve el problema, pero eso es casi imposible. Se necesita un milagro para ser transferida del bosque al jardín. De todas formas, estas mujeres que han dado varios paseos en el bosque podrían descubrir que esta vez será diferente. Este último paseo podría convertirse en un paseo permanente y sin alternativa alguna para regresar al jardín. Tendrán que pasar un largo período en el bosque hasta que decidan que no pueden ir desde aquí hacia el jardín, pero que tendrán que enfrentar las crisis, la vergüenza y lo que sea necesario en la aldea a fin de poder regresar algún día al jardín.

Llega un momento cuando serán obligadas a ir hacia adelante, a favor de las manecillas del reloj, a pasar por el proceso en el tiempo que Dios ha escogido. No podrán regresar tan fácilmente al jardín, donde todo es lindo y la gente se pasea feliz. En un momento dado, Dios les dará otra ruta. Aquella que requiere paseos frecuentes al bosque y por la aldea hasta que por fin descubran el Pozo y decidan buscar agua en él. Solo así podrán pasearse nuevamente en el Jardín Botánico. Si aprendieron la lección, jamás alardearán de lo fabulosas que son, de su buena vida o de sus posesiones materiales. Por lo general, a las mujeres que se le da la oportunidad de estar nuevamente al otro lado del muro se tornan compasivas, dulces y agradecidas. En el bosque y de este lado del muro, algunas mujeres se encuentran con otras y deciden juntas salir de aquí. Esas mismas mujeres casi siempre salen del bosque apoyándose unas a otras y debido a este mutuo apoyo, no regresan nunca.

> **Serán obligadas a pasar por el proceso en el tiempo que Dios ha escogido.**

Ya que no pertenezco más a las mujeres del bosque, pero sí a las del Pozo, he decidido liderar un grupo de voluntarios para rotular este lugar. Hemos colocado mapas en varias áreas e hicimos estaciones de descanso. Aquí las mujeres se pueden cobijar del sol durante el día y del frío durante la noche. Ya reclutamos varios voluntarios que en su mayoría son mujeres. Ellas lograron escapar del bosque con vida y no desean que ninguna otra mujer pase por aquí. Contamos con la ayuda de algunos hombres voluntarios de buen corazón. Hemos llamado este proyecto, Rotulación del Bosque Medio Seco. Algunos rótulos instalados leen: *"Entre al bosque a su propio riesgo"*, *"Escápese de aquí"*, *"Busque ayuda"*, *"Peligroso para mujeres solas"*. Hemos señalado las rutas de salida del bosque con letreros que pueden ser leídos en el día y en la oscuridad de la noche. Hay mucha oposición de gente que no entiende la importancia de la rotulación. Esas son personas que nunca han sido forzadas a entrar al bosque, han vivido visitando felizmente el jardín, y viven libres en la aldea. Se hacen los de la vista larga y el dolor de los demás les parece un castigo merecido de Dios. Son de esos que abiertamente murmuran: *"Por algo están esas mujeres en el bosque"*.

Ahora quiero contarles, bajo la débil sombra de este árbol medio seco, mis vivencias de cómo entré y salí del bosque. Tenía 39 años y medio el día que visité este lugar en una crisis y por última vez. Tal vez las inspire a terminar su selección de gotas, hojas y semillas. Como ya saben, este sitio no es adecuado para ninguna mujer. Yo salí de aquí y jamás regresé a llorar penas. Tal vez algún día sean voluntarias del proyecto de rotulación. Les aseguro que habrá algo adentro de cada una de ustedes que desearán gritar a los cuatro vientos:

"Fui rescatada del Tenebroso Bosque Medio Seco.

Mi vida se divide en dos, AR y DR. Sobreviví".

Mis vivencias en el Bosque

El Señor dice: «Rescataré a los que me aman;

protegeré a los que confían en mi nombre.

Cuando me llamen, yo les responderé;

estaré con ellos en medio de las dificultades.

Los rescataré y los honraré».

Salmos 91:14-15 (NTV)

(Nota: Lo que aquí voy a contar lo hago para abrir los ojos de algunas mujeres y así lograr liberar a niñas y niños inocentes que son esclavos de las ignorancias y despistes de sus madres, tías, abuelas, hermanas, primas, maestras, líderes, etc. Estas cosas que aquí contaré también pasan en tu aldea, queda de tu parte aceptarlo. Les pido que sean valientes y que mantengan la calma ante todo lo que aquí contaré. Esta es la parada más triste de la excursión. Luego que salgamos del bosque, iremos muy contentas por el Camino Sagrado.)

Mi vida se divide en dos períodos, AR y DR. La primera parte de mi vida la denomino AR (antes del rescate) y la segunda parte de mi vida la llamo DR (después del rescate). Siempre viví entrando y saliendo del bosque. Visualizo mi pasado como que estuve perdida en el bosque dando pasos sin rumbo, tropezando fuertemente con los árboles, atascada en el fango, encadenada a la cueva, desesperada y tratando de brincar el muro que me llevaría a un lugar feliz. De niña viví en el bosque; de adolescente hacía frecuentes visitas allí. De adulta lo visitaba con más frecuencia. Siempre tuve una vida plagada de crisis, inestabilidad, abusos y problemas. Aprendí, por mi propio bien, a callarme la boca ante las injusticias y los abusos. Pensé que el bosque era el lugar ideal para mí. Si no estaba en crisis, estaba segura de que pronto me llegaría una.

En el bosque aprendí una analogía. Allí hay varios tipos de hojas en los árboles: las verdes y las secas. Comparo las hojas verdes con las cosas o personas con las cuales me siento feliz y que me han hecho bien. Esas hojas me las llevé cuando salí del bosque. Las hojas secas no son productivas, son de esas hojas que si se quedan en el árbol lo afean y lo perjudican. Si se caen, se las lleva el viento y no tienen valor alguno.

#Reina de la Aldea

Mientras merodeaba por el bosque, veía mujeres felices en el jardín y me preguntaba, mirándolas desde lejos, porqué ellas parecían felices y yo no. No entendía que era posible vivir una vida sin problemas y sin dramas. Yo he decidido que contaré lo necesario y justo para bendecir a otras mujeres. Voy a describir lo que se vive en el bosque para que otras mujeres no entren aquí y decidan cambiar el rumbo de sus vidas.

Crecí y viví llena de secretos y mostrando una buena actitud para complacer a la gente. Viví en una cultura donde complacer y no ofender a los demás era más importante que la seguridad y el bienestar de las mujeres y de los niños. A mí nunca nadie me creyó las quejas que daba. Nadie me defendió ni me apoyó. Mientras crecía, veía con normalidad y frialdad a mujeres silenciosas entrando y saliendo constantemente del bosque, maltratadas, humilladas, golpeadas y soportando todo tipo de maltratos de parte de hombres, de familiares y de figuras de autoridad.

Tuve una niñez muy complicada. Cuando nací me colgaron en una de mis manos una prenda llamada mano de azabache, que es un puño color negro, para contrarrestar el supuesto "mal de ojo" y fui bautizada antes de cumplir un año. El recuerdo que tengo de mi bautismo es una foto donde estaba sentada, vestida de blanco y con una cerveza en la mano. Ese día hicieron una gran fiesta en mi familia para celebrar mi bautismo con abundancia de alcohol y comida. Yo iba y venía por mi aldea descalza, despeinada y sin mucha supervisión. A los cinco años fui coronada reina de mi aldea. Mi familia era muy pobre. Recuerdo que vendieron tortas, hicieron rifas, y unos tíos donaron su sueldo de una semana para completar la subasta. Gané la corona. Mi familia dio el doble de la próxima competidora. El día de la coronación, me peinaron y me maquillaron. Usé un elegante vestido color plateado, con cola y guantes; digno de una reina. Una escolta de niños militares arrastró mi carruaje. Ese día hubo una gran fiesta en mi aldea y yo era la reina. Dicen mis tías que, en la aldea, nunca más hubo un reinado como el mío. Ese sin lugar a dudas, es el recuerdo más lindo y sano que tengo de mi niñez. (Visite *samaritanadelpozo.com/reinadelaaldea* para ver fotos de este evento y para recibir sugerencias sobre como aprender a proteger a las "reinas de tu aldea" que son tus hijas, sobrinas, nietas, etc. También explicaré porqué nunca llamo *princesa o reina* a ninguna mujer)

> **Sucesos como esos y sus encubrimientos siguen pasando hoy, en mi aldea y en la tuya también.**

A la vez que eso sucedía, ya estaba siendo abusada sexualmente. Pero de eso nadie hablaba. No me interesa debatir con nadie si lo sabían o no lo sabían. Hace poco alguien me confesó que sospechaba que algo pasaba, pero que ella era incapaz de enfrentar a los que se supone que me protegieran. Sé que quienes me tenían que proteger en algún momento fueron víctimas también. Como si estas cosas fueran un legado para transmitir de generación en generación. Nunca deberíamos aceptar que estas cosas son normales, hay que cambiar el concepto de silencio con el que crecen las mujeres.

Desde niña tenía un cuerpecito muy desarrollado que junto con la falta de supervisión y de credulidad en lo que yo decía, causó que me molestaran sexualmente. Me cuidaban de extraños, olvidándose de protegerme de los que estaban cerca de mí. Fueron tres los pedófilos de mi niñez, a los que llamaré El Pelú, El Monaguillo y Lengua del Diablo. En mi adolescencia, un cuarto hombre se añadió a esta lista. Todos eran miembros de mi familia. Estas cosas pasaban desde tiempos bíblicos. Hay en la Biblia una historia donde un medio hermano violó a su hermana y su familia lo encubrió. Sucesos como esos y sus encubrimientos siguen pasando hoy, en mi aldea y en la tuya también.

"Tamar tomó el pan y se lo llevó a su hermano hasta la cama. Pero cuando ya estuvo cerca, Amnón la agarró por la fuerza y le dijo: — Ven, hermanita, acuéstate conmigo. Tamar le contestó: — No, hermano mío; no me obligues a hacer algo tan malo y vergonzoso... Si me

violas, yo tendré que vivir con esa vergüenza y tú quedarás en Israel como un malvado...
Pero Amnón no le hizo caso. Y como era más fuerte que ella, la forzó a tener relaciones
sexuales con él... Cuando Absalón lo supo, la tranquilizó y le dijo: «Hermanita, lo que
Amnón ha hecho contigo es terrible. Pero no le guardes rencor, porque es tu hermano»...
Cuando David se enteró de lo que había pasado, se puso muy enojado. Sin embargo, no
castigó a Amnón, pues era su hijo mayor y lo quería mucho. Absalón, por su parte, dejó de
hablarle a Amnón, pues lo odiaba por haber violado a su hermana".

2 Samuel 13:10-15, 20-22

Deberíamos dejar el encubrimiento, la complicidad y las falsas expectativas que tenemos acerca de algunas personas. Con pesar he notado que algunas mujeres somos solidarias, nos apoyamos y nos consolamos unas a otras en medio de nuestros problemas, *SIEMPRE Y CUANDO EL CULPABLE O CAUSANTE NO SEA ALGUIEN CERCANO A NUESTRAS VIDAS.* Entonces, hacemos hasta lo imposible por defender lo indefendible, incluso culpando a la víctima para justificar los viles actos del abusador, que es nuestro familiar o ser querido. Esas incoherencias de carácter, ideología y emociones son perjudiciales para nosotras y para la sociedad. Me refiero a las mujeres que apoyan a otras mujeres que han sido maltratadas, abusadas, embarazadas, abandonadas, etc. por cualquier extraño, pero que culpan, incriminan y desprestigian a esa misma mujer si el culpable o causante es un ser querido.

Crecí con mi mamá. Mis padres se divorciaron cuando yo tenía alrededor de cinco años y tengo muy vago recuerdo de mi niñez con mi padre. Lamentablemente, él reapareció más tarde en mi vida. Los recuerdos que tengo de él son muy malos. Desgraciadamente, crecí con un padrastro que no aportó absolutamente nada bueno a mi vida. Siento paz, sanidad y felicidad al considerarme totalmente huérfana de padre. Mi único padre es Dios. Cuando alguien trata de cambiar mi opinión sobre este asunto de considerarme huérfana de padre, los exhorto a desistir de sus intentos antes de que yo comience a contarle detalles que los traumatizarán de por vida. Pasé mucho tiempo con mi abuela quien era viuda; vengo de una familia matriarcal. En casa de mi abuela y con mis tías, crecí viendo bailarinas exóticas en televisión y bailando como ellas. No nos perdíamos el programa del horóscopo y de ahí erróneamente aprendí que debía buscarme un novio que fuera compatible conmigo según las estrellas. Gracias a Dios no me faltaban las bendiciones, ya que era costumbre familiar decirles a los mayores, *"Bendición"* y ellos respondían, *"Dios te bendiga".* Estoy segura de que estas bendiciones fueron las que me sostuvieron a través de los años. Claro, las bendiciones que me dijo la gente buena, ya que era forzada a también pedirle la bendición a los abusadores. Ellos también me echaban la supuesta bendición. Según iba creciendo y seguían desarrollándose mis curvas, fui obligada a someterme a bajezas de las cuales no daré detalles, mientras la gente creía en las supuestas buenas intenciones de los hombres que me abusaban. Traté de quejarme y pedir ayuda una y otra vez con las personas que debían velar por mí, pero nadie me ayudó.

Estudié en un colegio católico de monjas. Siempre tuve excelentes calificaciones en la escuela. Me gané muchos premios por aptitud académica y de comportamiento. Era inteligente, pero me faltaba sabiduría. Estas dos cosas son distintas. La inteligencia es una aptitud, la sabiduría te la da Dios. Mientras crecía, mis lugares favoritos eran la escuela y la biblioteca en el centro del pueblo donde trabajaba mi mamá. Esos eran mis refugios; odiaba llegar a mi casa.

La fiesta de mis 15

Cuando cumplí 15 años quería visitar la tierra de los antiguos faraones de Egipto y las pirámides sobre los cuales leía con vehemencia. Aún no he logrado ir allá. Pero mi mamá decidió que se iba a celebrar una fiesta. Se hizo una gran fiesta en el centro comunal del centro del pueblo con mucha gente y había mucha alegría. Esa noche me obligaron a desfilar en la iglesia con uno de los pedófilos que me abusaba. Una vez más, fui obligada a hacer algo que me parecía de poco juicio. Pero las reglas eran las reglas y había que obedecer. También repartí artesanías a las mujeres y botellas de ron en miniatura a los hombres. Se respiraba un ambiente siniestro y de maldición por lo que me costaba sonreír en aquella fiesta, incluyendo el detalle de que mis tres abusadores estuvieron en mi fiesta de quinceañero. *"Algún día seré rebelde y haré lo que me dé la gana",* pensaba yo para aliviar el dolor de mi corazón y poder cumplir con mandatos con los que yo no estaba de acuerdo.

Ese ambiente macabro se acabó de poner peor cuando esa noche conocí al cuarto pedófilo que arruinaría gran parte de mi juventud. A este abusador le llamaré Doble Vida. La gente estaba demasiado ocupada con la celebración como para darse cuenta de que esa noche comenzaba la más grande de mis pesadillas. Era un familiar lejano, al cual su propia esposa me llevó donde él y me presentó diciéndole: *"Mira que linda la nena".* Era un hombre casado que tenía más años que el doble de mi edad y ya tenía tres hijos. Con la ayuda de una alcahueta, me dio la vuelta hasta que yo caí con él. Fue una etapa de intensa reclusión en la Cueva de las Cadenas, hasta que por fin logré escaparme de esa relación. Necesité terapias, perseverancia y mucho dolor para cortar con la dependencia que me mantenía atada a ese buitre abusador disfrazado de respetable señor. Ahora puedo describir ese sentimiento como uno falso y enfermizo que se hacía pasar por "mal de amores". Aunque ya encontré el remedio para esta enfermedad y estoy totalmente curada, admito que padecí esa recurrente enfermedad la mayor parte de mi vida. Sé que no soy la única que la ha padecido. Ahora la defino así:

#mal de amores - Condición emocional que afecta la mente, el cuerpo y el espíritu. Produce celos, desesperación, dolor de cuerpo y cabeza, depresión y ansiedad. Es causada por un amor no correspondido. En su mayoría lo padecen mujeres despreciadas, dependientes, abandonadas, humilladas y maltratadas. Desaparece con el tiempo, pero podría ser recurrente. La única cura conocida es transferir de una vez y para siempre todo ese sentimiento y dependencia hacia Dios, quien es el único que nunca decepciona ni cambia de opinión.

Por el resto de mi vida, jamás y por nada del mundo permití que se me acercara otro hombre casado. Los hombres casados son hojas secas desde que se acercan hasta que se van. No traen vida, solo traen desgracia, dolor e incertidumbre. Dios no bendice a una mujer transfiriéndole el marido de otra. Andar con un hombre casado maldice, entristece y atrasa la vida de cualquier mujer.

¡Mujeres, exijan respeto y protejan a sus hijos! Sean ustedes las que identifiquen, atrapen, reporten y alejen a peligrosos depredadores antes de que ellos las ataquen a ustedes. A esas personas las voy a llamar "buitres" por las características dañinas y depredadoras que exhiben. Buitres son esas personas, que al igual que las aves de presa, andan volando en círculos sobre ustedes, sus hijos y familias, esperando un descuido suyo para atacar lo que ellos ven como delicioso desperdicio, pero que es lo más preciado que ustedes tienen. Deben

entender que no todas las madres, padres, abuelos, abuelas, tíos, tías, primos, líderes, maestros, religiosos, amistades o personas de edad avanzada son buenas personas. Es nuestro trabajo proteger nuestras familias y es totalmente aceptable que desconfíen antes de confiar.

Les recomiendo que no le confíen sus hijos a nadie que no sea de su total confianza. Deben educarse para que sepan como proteger a sus hijos del abuso sexual y para reconocer cuando los estén abusando. Hablen abiertamente con sus hijos sobre sexualidad y lo despreciable que es todo tipo de abuso. Felicito a las mujeres que han quedado sin marido o que se han alejado de familiares, amigos o conocidos, por proteger a sus hijos de depredadores. Ellas tienen mi respeto y admiración. Necesitamos más mujeres valientes dispuestas a todo por defender sus familias.

Buitres son esas personas que andan volando en círculos sobre ustedes, sus hijos y familias, esperando un descuido suyo para atacar lo que ellos ven como delicioso desperdicio, pero que es lo más preciado que ustedes tienen.

Yo sé que no soy la única, tal vez somos millones las mujeres que hemos sido obligadas a callarnos los abusos sexuales, físicos, emocionales y laborales contra nosotras o contra terceros. Esto no se trata de falta de perdón ni de venganza al tratar de desprestigiar a otros. Aún cuando se perdona, si no se hace nada, si no se dice nada, se es cómplice. Si ustedes ignoran el problema, no están ayudando a sus familias. Sé que hay muchas mujeres adultas que deben compartir hipócritamente con un familiar, pareja, jefe o conocido, a pesar de que esa persona nunca les pidió perdón y no están arrepentidos de sus detestables actos. Es como si estuviéramos obligadas a ser cómplices de sus bajezas. Cuéntenle a alguien lo que vivieron, busquen ayuda profesional para superar sus traumas de ser necesario. Les propongo que se liberen de una basura que no les pertenece. Esa carga maloliente le pertenece al buitre y a sus cómplices. Ustedes deben ser mujeres libres.

Embarazada y sin marido en el bosque

Los hombres que yo escogí; aquellos a los que me entregué libremente, con esos acepto y comparto toda la responsabilidad de nuestros fracasos. De los que abusaron de mí cuando era niña, a esos jamás les tendré ningún tipo de estima. Aunque los perdoné y no les guardo rencor, no los quiero cerca de mí.

Mi hija tenía 10 años cuando quedé embarazada por segunda vez. Cuando tenía dos meses de embarazo mi tercer esposo se fue de la casa y nunca regresó. Pasé el embarazo y crié sola a mi hijo. Mientras mi barriga crecía, él estaba siendo entretenido por una mujer a quien yo decidí no verle la cara ni saber nada de su vida. Solo sabía que le encantaban el baile y los bares, ya que desde allí la gente me llamaba para reportarme que mi marido andaba con una mujer, mucho más fea que yo. Mi plan era no saber quién era ella, pero no el de Dios. Siete años más tarde me la encontré en el centro del pueblo. La tuve frente a frente en una reunión profesional. Por su nombre y por la emoción con que hablaba del próximo baile en el centro del pueblo, supe que era ella. Sin rencores, almorcé con ella. La vi varias veces después, pero nunca hablamos de la misma hoja seca que un día compartimos.

Nunca oré ni le pedí dirección a Dios antes de conocer, enamorarme y ni siquiera para casarme con un hombre. Por eso nunca culpo a Dios de mis malas decisiones ya que Él no fue parte de ellas. Ahora entiendo que yo tenía que resolver las consecuencias de mis malas decisiones. No podemos pretender ser desobedientes y luego esperar que Dios nos resuelva nuestras emergencias y de paso nos complazca nuestros caprichos.

Dios comenzó a hablarme, sin decirme ni una palabra.

Embarazada y abandonada, quedé atascada en el lodo en lo más profundo del bosque. Luego que mi tercer esposo se fue, planifiqué durante varias semanas cómo deshacerme de la criatura que tenía en el vientre. Allí fue cuando Dios empezó a trabajar conmigo muy de cerca. Dios comenzó a hablarme, sin decirme ni una palabra. Mientras guiaba del centro del pueblo a mi casa, vi una pancarta gigantesca en la orilla del camino que leía *"No temas",* y la cual tenía un verso bíblico. La escena de la pancarta era una natividad, recordando la temporada navideña que se aproximaba y el nacimiento de Jesús.

"Entonces el ángel le dijo: —No tengas miedo, María,

porque Dios te ha dado un gran privilegio.

Vas a quedar embarazada; y tendrás un hijo,

a quien le pondrás por nombre Jesús".

Lucas 1:30-31

Al saber de que trataba el texto bíblico, un gran temor se apoderó de mí. Sabía que Dios me estaba diciendo: *"No te atrevas a matar al hijo que me pediste. Tenlo sin miedo, que yo estaré contigo".* Esa frase, *"No tengas miedo",* se convirtió en mi escudo. Todavía lo es. Mi hijo se llama Angelito Gabriel, en honor al ángel mensajero que Dios no tan solo le envió a María, sino también a mí.

En este periodo de mi vida estuve de día y de noche prisionera en la Cueva de las Cadenas. Embarazada en esa cueva oscura, perdí toda esperanza, sufriendo en escasez, desesperada, sin familia, sin apoyo, con un trabajo muy demandante y una hija con los problemas típicos de la adolescencia. Pensé que se acercaba mi fin y que no era capaz de sobrevivir. Durante el embarazo, deseaba que todo acabara; allá en el bosque deseaba perder la vida. Le comenté esto a mi doctora quien me recetó medicamentos para la depresión y los cuales tomé para poder funcionar.

Allá en el bosque deseaba perder la vida.

Mi mamá vino a cuidarme desde muy lejos, desde el país que me vio nacer, donde las playas son de agua cristalina y la gente es alegre. Ella sabía que mental y emocionalmente yo no estaba bien. Aún con medicamentos, continuaba sufriendo. El día del parto, conduje el auto hacia el hospital en medio de los dolores, y regresé guiando con el bebé en el asiento trasero, custodiado por mi hija y mi mamá.

Milagrosamente, el mismo día que tuve a mi hijo, jamás volví a sentirme deprimida. Una enfermera del hospital donde parí, me llamó diariamente por dos semanas para preguntarme si estaba deprimida. Siempre le dije la verdad, que había desaparecido la depresión y que, a pesar de todo, había recobrado las ganas de vivir. Angelito Gabriel nació con una deformidad en un pie que me mantenía en el hospital poniéndole vendajes semanalmente. Por si fuera poco, estaba sola con una adolescente y un niño recién nacido, un trabajo demandante, no tenía marido, ni familia cerca. Por ratos pensaba que mi hijo iba a ser incapacitado, pero Dios me cumplió su palabra de ayudarme. En Promesa, tenía su práctica un médico de origen judío que era la autoridad mundial en un método para enderezar deformidades de las extremidades. A esa oficina llegué cuando mi hijo tenía un mes de nacido. Mi hijo está completamente sano. Cada cumpleaños de mi hijo celebro su vida y también que ambos sobrevivimos el bosque.

Dios comenzó a rescatarme del bosque

Dios ya estaba tratando de rescatarme. Siempre fui una mujer muy quejosa, inestable y pesimista. Antes de salir del bosque me quedé con las hojas verdes que son esas cosas de mi vida que son importantes para mí y sin las que no puedo vivir. Me llevé mi educación, mis hijos, lo mejor de mi cultura, algunos miembros de mi familia y mis pocas inversiones. También recogí semillas con la esperanza e intención de sembrarlas algún día en un mejor terreno; semillas de prosperidad, unión familiar, viajes por el mundo, emprendimiento, felicidad, salud y amor. Esas semillas las catalogué, las cuidé y las protegí porque sabía que las necesitaría más adelante.

Mientras estuve en el bosque, mis cinco sentidos estaban adormecidos por el proceso. Veía, pero no apreciaba lo bueno en medio de tanta desolación. El aroma me tocaba las narices, pero yo no lo percibía. Probaba y nada me sabía. Tocaba, pero no sentía. Oía, pero no escuchaba. Desde que salí del bosque se despertaron mis sentidos. Ya no soy indiferente, ni coja, ni ciega, ni sorda, ni muda. Desperté de la maldición que me perseguía. Pronto podrán saber las 10 gotas de agua limpia y las 5 gotas de agua sucia que seleccioné y será su turno de recoger hojas, semillas y gotas, pero antes quiero inspirarlas con la historia bíblica de Agar. También quiero llevarlas a que conozcan en su imaginación el más grande y productivo de todos los bosques.

En cada parada les voy a presentar un lugar del mundo que ejemplifica a gran escala esa área de la aldea. Amo a Promesa y vivo feliz aquí, pero también sé que el mundo es grande y que los límites geográficos los impuso el hombre, no Dios. Por eso las animo a que fomenten y mantengan una **#perspectiva global** para que entiendan que hay vida más allá de sus aldeas.

Desde que salí

del bosque

se despertaron

mis sentidos.

AGAR

Lean en Génesis 16 y 21 acerca de una mujer bíblica que sobrevivió a la intemperie al ser abandonada en el desierto con un hijo y un poco de pan y agua. Ella no solo sobrevivió, sino que también prosperó. Ella cambió de aldea y aceptó su nueva vida. Esta bella historia bíblica nos recuerda que Dios:

1. No desampara mujeres, tengan o no tengan marido. Dios tiene promesas y compasión para todas.
2. Nos va a sostener aun cuando seamos incapaces de tomar decisiones o cuando se nos acaben las fuerzas.
3. Les ofrece esperanza y un futuro a: las mujeres que enfrentan la vida después de haber sufrido un abandono o pérdida, a las que crían niños solas, y hasta a las embarazadas que serán madres solteras.

¿Hay algo de Agar en ti?

¿Sabías que Dios puede hacerse cargo de ti incluso en tus peores momentos?

AMAZONAS, BRASIL

El Tenebroso Bosque Medio Seco de Promesa es solo un pequeñísimo bosque si lo comparamos con la inmensidad de la selva amazónica ubicada en América del Sur. Esta selva es conocida como el pulmón del mundo por la cantidad de árboles y vegetación que alberga. Más que una selva, es un ecosistema que abarca nueve países. Me hace recordar que algunos de nuestros problemas parecen muy grandes, pero en realidad no lo son si los comparamos con otras cosas en la vida. Cuanto más grande es el problema, más grande es la oportunidad de tornar la circunstancia en una bendición. Ya que perdí el miedo a perderme en el bosque, porque ya sé cómo salir de él, quisiera algún día visitar este inmenso bosque tropical para pasearme en canoa por donde nace el Río Amazonas y conocer sus habitantes nativos, que podrían darme clases avanzadas de cómo sobrevivir a la intemperie mientras olvidan lo malo en el proceso.

¿Me acompañarías en esa aventura?

PARADA #2

Mercado

La Providencia

"Con esto Dios quiso enseñarles que,
aunque les falte el alimento,
pueden confiar en sus promesas
y en su palabra, y tener vida".
Deuteronomio 8:3

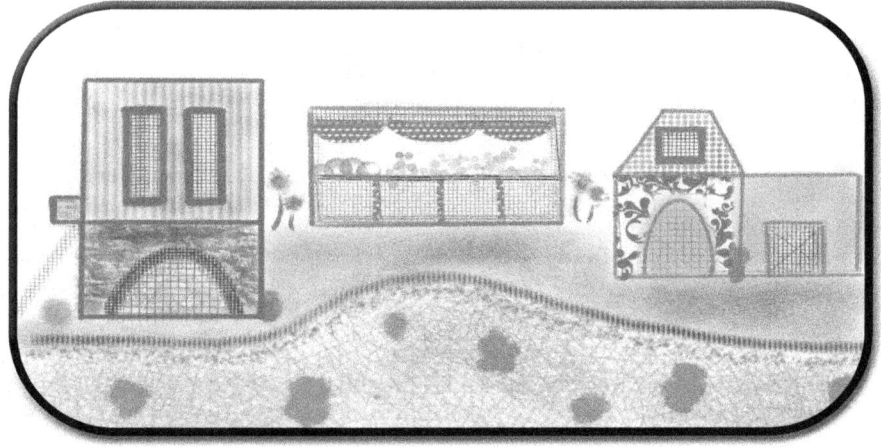

UNA PROMESA DE PROVISIÓN
¡TU COMIDA NUNCA ESCASEA!

Objeto que nos recuerda esta promesa: Harina y Aceite
"Ni la harina de la jarra
ni el aceite de la botella se acabaron.
Así se cumplió lo que Dios había
dicho por medio de Elías".
1 Reyes 17:16

*B*ienvenidas a nuestra segunda pasada. Espero que estén disfrutado el *hip-hop* americano que suena mientras nos desplazamos por el bosque hacia el mercado. Se nota que vamos con buen rumbo por el Camino Sagrado. El estribillo de la canción lee asi:

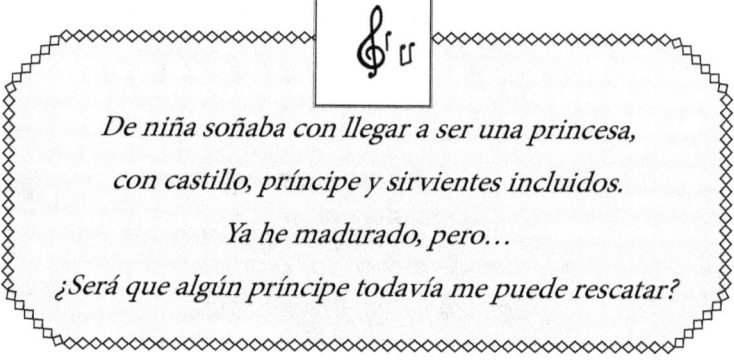

De niña soñaba con llegar a ser una princesa,

con castillo, príncipe y sirvientes incluidos.

Ya he madurado, pero…

¿Será que algún príncipe todavía me puede rescatar?

Al escuchar esta canción se veían muecas en las caras de las mujeres muecas como diciendo: *"Sí, que me rescate a mí primero".* Les recuerdo que dentro del bolso color lavanda que les dimos al inicio de la excursión le incluimos; un diario de trabajo y lápiz para hacer apuntes, una muestra de un lápiz labial cremoso, el boleto de la excursión, un mapa del recorrido, un pequeño cántaro de metal, un tubo de ensayo (de esos que se usan en los laboratorios) con tapa y dos goteros.

Según vamos recorriendo Promesa, hagan anotaciones de lo que van aprendiendo. (Ver pág. 105) Llevamos en el bus dos pequeños contenedores, uno con agua sucia y otro con agua limpia, para realizar una dinámica. Deben escoger 5 gotas de agua sucia que representan lo lo deben desechar de sus vidas y 5 gotas limpias que representan lo que bendice sus vida. Las gotas limpias van dentro del cántaro. Las gotas sucias van dentro del tubo de ensayo. Un gotero se usa para las aguas limpias y el otro para las aguas sucias.

Olivia, una mujer cristiana evangélica de 40 años, cabellos rubios y ojos verdes que nos acompaña, tiene grandes expectativas de aprendizaje en esta área de la aldea. Nació y ha vivido toda su vida en Promesa. No tiene ni idea de donde proviene su familia, solo sabe que llegaron hace cientos de años desde alguna aldea en Europa. Tiene a su familia cerca, pero ella no pide ayuda por temor al qué dirán. Ella está ajustándose a su nuevo estilo de vida mientras trata de minimizar el impacto de su nueva normalidad, la escasez. Olivia nos confesó lo siguiente:

–El que fue mi esposo durante 18 años me abandonó por una mujer más joven que yo, a quien según él, debía cumplirle porque la había embarazado. Me dejó sola con nuestros cuatro hijos, todos menores de edad y en la escuela. Apenas me pasa dinero para comer. Lo que si le interesa es visitarme por las noches. Me he convertido en amante de mi propio esposo tratando de que regrese, pero nada ha funcionado. No sé que le pasó a ese hombre, éramos felices con nuestros hijos, asistíamos a la iglesia y cambió de la noche a la mañana.

También nos dijo que ha pasado hambre en silencio, pues no se atreve a decirle a nadie por lo que está pasando, ni siquiera a la gente de la iglesia donde asiste. La comida no le rinde, no califica para ninguna ayuda social o gubernamental, pues es guardia penal en la prisión de mujeres de Promesa y tiene un sueldo decente. Este se le va en el alquiler y en gastos de la casa. Dice que extraña las grandes compras en el supermercado y su alacena repleta de comida cuando tenía a su esposo ayudándolos. Antes, frecuentaba los restaurantes más lujosos de Promesa, viajaba por el mundo y el dinero nunca le faltó. Ahora sobrevive en un apartamento de dos habitaciones y una pequeña cocina. Ha perdido peso, porque deja de comer para darle de comer a sus hijos.

No es fácil cumplir con las múltiples tareas, demandas y responsabilidades que tenemos las mujeres. Sencillamente es demasiado. Aún así, hay que aceptar lo que nos toca vivir y hacer lo mejor que se pueda. En este mercado encontrarán muchas cosas para simplificarse la vida y lo que necesitan para resolver cualquier crisis que se les presente. Aquí encontrarán que hacer con el aceite y la harina que Dios les da. Muchas mujeres verán solo estos dos ingredientes, pero ustedes verán las posibilidades según su cultura al hacer: un pedazo de pan, una torta, un yaniqueque, un *dumpling*, un churro, una crepa, un pierogi, un tamal, un pastel, una dona, una arepa o cualquier alimento que puedas crear con estos dos ingredientes. Aprenderán que Dios les da opciones para conseguir lo que necesiten para proveer para sus familias, aunque crean que no tienen los recursos económicos para obtenerlas. Dios es capaz de proveerles lo que necesitan ya que sea que tengan cerca el más exclusivo de los mercados o que tengan que cazar, pescar o sembrar para obtener su provisión.

> **Dios, a través de su sabiduría, les regala una destreza especial que les permite encontrar cosas donde otros no ven nada.**

Dios, a través de su sabiduría, les regala una destreza especial que les permite encontrar cosas donde otros no ven nada. Las mujeres podemos pasar por muchas situaciones, pero cuando la comida, la ropa y los recursos económicos que ayudan a nuestros hijos escasean esto se convierte en la peor situación que una mujer enfrenta. En este recorrido quiero ayudarlas a que confíen en esta promesa de Dios y crean que su comida nunca escasea. De la mano de Dios tendrán lo que necesitan, pero antes vamos a conocer el mercado y a saborear el delicioso Caldo Camino Sagrado. Lo tomaremos como desayuno, para obtener energía para el resto del día.

El Mercado La Providencia está ubicado a las afueras de Promesa, muy cerca del bosque, entre la avenida Camino Sagrado y la calle El Mercado. En las afueras del mercado se ven sembradíos de vegetales, frutas y crianza de ganado. Observamos viejas granjas con vacas lecheras gordísimas, y arados de bueyes y burros. Los olores de la naturaleza anuncian que nos estamos acercando al campo. En ese mismo camino, el paisaje campesino contrasta con las modernas plantas de procesamiento de frutas y leche.

La calle El Mercado es un círculo donde están ubicados todos los edificios del mercado. Aquí consigues todo lo que necesitas, desde ropa, gallinas vivas hasta artículos de ferretería. Este lugar tiene una entrada de metal con un portón de hierro con las insignias MP, como popularmente se conoce al Mercado La Providencia.

En el camino asfaltado de media milla de largo, desde su portón de entrada, vamos viendo todo tipo de vendedores ambulantes que venden comidas preparadas, verduras y frutas recién cosechadas. También venden un ungüento casero que, según las personas, contiene extractos de plantas extraídas del bosque. El vendedor, que despliega una cara de tramposo, alega que dicho ungüento cura la fibromialgia y los dolores del cuerpo. Las ancianas y las mujeres enfermizas de la aldea promocionan el producto diciendo que se sienten muy bien al usarlo. Sin embargo, los escépticos comentan que el producto principal del conocido ungüento "milagroso" es aceite de motor de automóvil. Por fe se curan algunos.

Algunos vienen aquí a vender cosas que son ilegales como la carne de tortuga que está protegida por agencias naturalistas, debido al peligro de extinción. También venden películas de estreno y libros pirateados. Otros venden perros de razas exóticas sin tener un permiso. Hay gran demanda en Promesa por estos productos ilegales.

Más adelante divisamos el edificio principal donde hay tiendas de ropa, maquillajes, artículos para el hogar y de primera necesidad. También encontramos el supermercado, la farmacia, tiendas y el salón de belleza. El servicio más vendido en el salón de belleza es el de cubrir las canas, pues en Promesa casi todas las mujeres son rubias, pelirrojas o con destellos artificiales. La excepción son algunas mujeres de ciertas iglesias de Promesa a quienes no se les permite teñirse el cabello. Algunas cumplen con esta regla, otras se cambian rápidamente de iglesia, para poder teñirse el cabello.

Hay otro edificio separado con un techo de zinc que contiene el mercado de pulgas conocido como El Baratillo. Aquí consigues gangas y la mayoría de los productos son fabricados en China. Dentro del mercado de pulgas se encuentra el centro de las antigüedades llamado El Recuerdo de mi Tía. Allí encuentro y compro cosas que mi familia desechaba y que ahora valen muchísimo dinero.

Otro edificio contiene el mercado de artículos frescos donde están todas las frutas, vegetales y hierbas que se cosechan en los alrededores de Promesa. También venden carne de cerdo, conejo, vaca, pollo, cordero, salchichas, y hasta jamón ibérico importado de España. Hay otra área dentro del mercado que vende mariscos recién sacados del Mar Dulce Promesa.

En la Herbolaria Yerbabuena venden; hierbas frescas y secas, especias aromáticas, semillas empacadas y flores exóticas. La flor más solicitada y vendida aquí es la preciosa orquídea rosada que sobreabunda en Promesa.

A pasos del puesto de la herbolaria está la conocida Botánica 7 Espíritus. De allí salen olores raros y muy penetrantes. Siempre tienen a la venta unas espigas de flores blancas y pequeñas de un olor muy en particular. También venden todo tipo de ungüentos y pociones "mágicas", collares de cuentas de colores, ropa blanca, amuletos de buena "suerte" y tienen matojos de hojas secas colgando del techo. Hay estatuas de santos con velas prendidas. Mucha gente misteriosa y con cara seria entran y salen de allí. Algunos llevan gorras y gafas de sol para esconder su verdadera identidad. Afuera de la botánica hay una pancarta anunciando los siguientes servicios:

Se hacen trabajos de:

-Devuelve maridos

-Atrapa hombre

-Contacto con el más allá

-Sana enfermedades

-Buena suerte en el amor

-Fertilidad a cualquier edad

-Prosperidad del Indio

-Borra mal de ojo

La dueña de este negocio es conocida como la Madama. Es ella quien lee las palmas de la mano, las cartas, los caracoles y el tarot. Tiene largo cabello rubio, gruesos labios, es exótica, de mirada penetrante y se viste como una gitana moderna con ropas coloridas y zapatos de diseñadores famosos. Nadie sabe si tiene marido o donde ella nació. Ella maneja un carro convertible de último modelo. También mercadea un combo con costos bajos, para las personas que deseen varios de los servicios que ella ofrece. Este negocio tiene un divisor que no deja ver quién está esperando para que le lean la mano. Su clientela más fiel son las mujeres abandonadas y sin marido de la aldea a las cuales ella engaña dándole falsas ilusiones a cambio de un alto precio.

En los pasillos del edificio principal, se desarrolla diariamente la cooperativa artesanal. Hay que tener un permiso especial para mostrar tus productos. Aquí convergen las mujeres y hombres creativos de la aldea. Un señor de origen africano talla madera, una señora muy risueña hace demostraciones de métodos para preparar jabones con aceites aromáticos. Una joven madre soltera y muy emprendedora prepara mieles exóticas con infusiones de lavanda y menta. Siempre hay una multitud tratando de ver como una señora indígena, proveniente de las afueras de Promesa, hace preciosas y coloridas mantas tejidas a mano.

Su clientela más fiel son las mujeres abandonadas y sin marido de la aldea a las cuales ella engaña dándole falsas ilusiones a cambio de un alto precio.

En este mercado reparten toda clase de publicidad, desde especiales de frutas hasta ofertas para leer el tarot. También reparten todo tipo de tratados religiosos, y hay varios hombres en diferentes áreas de las afueras del mercado con altoparlantes anunciando que el fin está cerca y que debemos arrepentirnos. Algunos comentan que uno de estos hombres, conocido como el Fanático, era normal pero que perdió la cordura al comenzar a leer la Biblia. Él se ve feliz, gritando a todo pulmón que *"Jesús es el Único Camino".* Él se alimenta de plantas silvestres y de lo que le regalan las personas de la aldea, quienes hacen despliegue de su generosidad con este querido predicador de Promesa. Él vive en la intemperie entre el bosque y el mercado. Siempre espera nuestro vaso de Caldo Camino Sagrado el cual le llevamos al salir del mercado.

Vamos a disfrutar de este mercado, las insto a tocar, oler y probar mientras están aquí. Se le despertarán los sentidos y el entendimiento. En esta parada, no solo van a alimentar el cuerpo, pero también su alma. Están en un entrenamiento para ver las promesas de Dios en todo.

El famoso Caldo Camino Sagrado

"Por favor, coman algo.
Es necesario que tengan fuerzas,
pues nadie va a morir por causa de este problema".
Hechos 27:34

Esta aldea es famosa por los guisos que se preparan con carnes, mariscos y vegetales. Se destaca una receta favorita de locales y extranjeros y que es conocida como Caldo Camino Sagrado, en honor a la avenida principal de la aldea. Es una deliciosa sopa con una consistencia bastante extraña, pero reconfortante. Lo conseguimos en un restaurante sin nombre en donde lo venden solamente hasta el mediodía. Lo sirven para llevar y en vasos plásticos de un solo tamaño. Las filas son largas para adquirirlo.

Las traigo aquí a tomar este caldo, ya que en sus ingredientes encontré reflejados los objetos que me recuerdan las Promesas de Dios para las mujeres sin marido. ¡Por eso les dije que las promesas me salen hasta en la sopa! Luego irán conociendo más sobre estos objetos. Este caldo contiene crujientes hojas de cilantro, es espesado con harina y aceite, le añaden firmes filetes de pez espada, tiene ralladura de fibras de plátano verde, una buena porción de cangrejo piedra y abundancia de semillas de quinoa.

No es falta de fe, es prevención contra decepciones.

Se rumoran muchas leyendas, cuentos y supersticiones en esta aldea. Una de estas leyendas dice que quienes tomen este caldo del mismo vaso y usando la misma cuchara, quedarán atados para siempre. Por eso es muy popular entre los enamorados que vienen aquí a jurarse amor eterno. Conozco muchas mujeres que han quedado sin marido y que hicieron este ritual con ellos. Creo que es pura superstición por lo cual recomiendo que tomen este caldo a su propio riesgo y sin muchas expectativas. No es falta de fe, es prevención contra decepciones.

Antes de comer, hagamos una corta oración de agradecimiento por la provisión de Dios en nuestras vidas. Aquí sentadas en las mesas del bullicioso mercado y mientras probamos esta deliciosa sopa les contaré mis vivencias en el mercado.

Caldo Camino Sagrado

INGREDIENTES

1/3 taza de *harina* de trigo

1/3 taza de *aceite* vegetal

12 tazas de agua

15 *hojas* de cilantro para el sofrito

15 hojas de cilantro finamente picado para añadir al servir el caldo

3 dientes de ajo

1 cucharada de pimiento rojo en trocitos

1 cucharada de cebolla en trocitos

1 plátano verde rallado (*soga/fibra*)

1/3 taza de quínoa (*semillas*)

3 patas de cangrejo *piedra*

1/4 libra de camarón con cáscara (5-6 medianos)

1/2 libra de pez espada (1 filete) (*metal*)

Toque de pimienta negra molida

1 y 1/4 de cucharadita de sal

1/2 cucharadita de pimentón y otras especias para sazonar a tu gusto

1 hoja de laurel

PROCEDIMIENTO

-Prepara el sofrito. Tritura el ajo, el pimiento, la cebolla y el cilantro en un mortero o procesador con unas gotas de aceite. Pela un plátano verde y rallarlo. Añádele una pizca de sal, y reserva.

-En una olla, caliente el aceite, luego añada la harina y muévalos constantemente por dos o tres minutos hasta formar una pasta.

-Vierte el agua, el sofrito, una pizca de pimienta molida, el pimentón, la sal y la hoja de laurel.

- Inmediatamente, añade el cangrejo de piedra, el camarón y el filete entero de pez espada. Deja hervir por 15 minutos.

- Remueve el cangrejo, el camarón y el pez espada. Rápidamente añade la quínoa.

- Saca de su cascarón la carne del cangrejo. Saca el camarón de sus cascarones. Pica el camarón en pedazos de 1/4 de pulgada. Desmenuza el pez espada en pedazos muy pequeños. Regresa todo esto a la olla.

- Mientras todo sigue hirviendo, toma el plátano rallado y prepara pequeñas bolitas de 1/4 de pulgada de diámetro. Añádelas a la olla, una a una, según las vas haciendo.

- Hervir por 15 minutos.

- Sirve inmediatamente en vasos de plástico. Añade al vaso un toque de hojas de cilantro finamente cortado.

No olvides compartir este caldo,
usar la misma cuchara es opcional...

Mis vivencias en el mercado

"Ya no se preocupen por lo que van a comer,
o lo que van a beber, o por la ropa que se van a poner.
Sólo los que no conocen a Dios se preocupan por eso.
Ustedes tienen como padre a Dios que está en el cielo,
y él sabe lo que ustedes necesitan".
Mateo 6:31-32

El mercado es lo primero que localizo cuando llego a alguna aldea nueva. Eso mismo hice aquí en Promesa. No es que el mercado sea una atracción turística, pero para algunos, yo incluida, una visita aquí es considerada un pasadía familiar o una aventura. En fin, el mercado es donde único puedo gastar dinero sin sentirme mal. Sé que en el mercado conseguiré lo que necesito para subsistir además de una buena dosis de cultura local. He pasado mucha escasez en mi vida, pero con el tiempo he aprendido que mi único proveedor es Dios. Esa provisión me llega en forma de comida, vivienda, transportación, dinero, ropa y todo lo que necesito para sobrevivir. Ya no dependo de nadie, solo de Dios. Comprendí que, a pesar de las pruebas difíciles en mi vida, continuaba comiendo y viviendo igual. La pobreza siempre fue parte de mi vida. De niña, la comida y la ropa escaseaban en mi aldea. En Puerto Rico, allá donde nací, aprendí a sobrevivir con lo que había disponible. La escasez no me molestaba porque no conocía nada diferente. No recuerdo en mi niñez el haber ido a un mercado. Mientras crecía en mi aldea, todo lo material escaseaba, pero sobraba el cariño y las manos amigas. Recuerdo que nos suspendían la electricidad por falta de pago y me tocaba hacer las tareas escolares a la luz de las velas.

Esa provisión me llega en forma de comida, vivienda, transportación, dinero, ropa y todo lo que necesito para sobrevivir. Ya no dependo de nadie; solo de Dios.

Aprendí a cocinar sabroso con muy poco. Mi abuela materna murió cuando yo tenía 13 años, pero recuerdo que yo siempre estaba en la cocina con ella. Ella me enseñó a matar cerdos, gallinas y conejos. También sembraba en su parcela algunas verduras para la familia, y tenía una libreta donde anotaba lo que tomaba a crédito en el mercado de la esquina, que era una diminuta tienda con muy pocas opciones. Ella y sus 8 hijos subsistían con la ayuda que le daba AGUA (Agencia Gubernamental de Ubicación y Apoyo, el cual es un nombre ficticio que usaré para mencionar esta ayuda) por ser viuda con niños pequeños.

Mi bisabuela materna murió a los 105 años. Se bebía todas las noches un té del cual nadie sabe el contenido ya que nunca nadie le preguntó. Aunque si quiero oír un acalorado debate, pregunto con cara de inocencia: *¿qué contenía el té de la bisabuela?*. Mi mamá y mis tías debaten y alegan saber la receta; yo también podría adivinar las hojas que contenía. Ya los arbustos no están allí. Así que la receta del té se esfumó con su muerte. Observándola, aprendí que las hojas para el té se recogen en la oscuridad de la noche y que rápidamente deben ser hervidas para hacer la bebida la cual retardó su llegada a la tumba. Ella era refinada, rubia y de ojos azules. No parecía miembro de nuestra familia.

Mi abuela paterna, quien tenía aspecto de santa, era callada y muy humilde. Ninguno de sus retoños heredó sus características. Aunque yo no era muy apegada a la parte paterna de mi familia, una vez la visité y recuerdo que hizo un inmenso caldero de arroz con patitas de cerdo. Yo observaba con curiosidad lo que ella estaba haciendo con las tres hojas de recao largo que recogió de su huerto, un solo diente de ajo, una lata de salsa de tomate, aceite, sal, agua y arroz. El resultado fue un arroz con un sabor como ningún otro. Creo que ese fue el primer milagro culinario que presencié al ver algo tan sabroso preparado con tan poco.

En el mercado mi lugar favorito es el área multicultural donde inmigrantes de todas partes del mundo venden en sus puestos cosas raras para comer, oler, usar y ponerse. Cerca está el puesto donde venden quesos y vinos de todas partes el mundo. Junto al mismo se encuentra el estante donde consigo toda clase de especias exóticas de países lejanos y misteriosos. Aquí conseguí un ungüento hecho a base de Sangre de Drago; aquel árbol tenebroso que veía en el bosque y el cual parecía que sangraba. Me reí al saber que el árbol que parece que sangra es capaz de curar heridas. De haberlo sabido, me hubiese pasado un poco por el pecho en esas noches de llanto cuando estaba en el bosque.

En esta área mis hijos y yo hacíamos viajes imaginarios. Comprábamos una salchicha española, unos pedazos de sushi japonés, media libra de salmón noruego, un poco de queso suizo, unas cucharadas de *babaganoush* árabe, una bolsa de tortillas mexicanas y varias sodas americanas. Con lo que comprábamos aquí en el área internacional, hacíamos un picnic cultural más tarde en el jardín de la aldea y hablábamos de tierras lejanas tan animadamente como si supiéramos bastante acerca de las mismas. Podíamos disfrutar todo desde aquí: sus ricos sabores y respirar sus aromas sin salir de Promesa. Al crecer mi hija, decidió que no quería más viajes imaginarios sino viajar por el mundo personalmente. Su sueño lo cumplió y entre los viajes fue a Marruecos a oler las especias, a probar salchichas en España y a degustar sabrosos quesos en las montañas suizas. Yo sigo con mi hijo haciendo viajes culturales y locales desde Promesa mientras recibo fotos de mi hija desde cualquier parte del mundo confirmándome lo que le enseñé de niña.

Aquí conseguí el ungüento de mentol Cúralo Todo. Es bueno para las heridas, las alergias, el picor, las espinillas y los dolores de cuerpo. En fin, lo cura todo. Muchas veces lo usé para sobarme el pecho en esas noches en el bosque, donde por sufrir tanto y a causa del "mal de amores", me dolía el alma y hasta el cuerpo. Ese es otro de los olores que aún aprecio y que cambié en mi memoria por el recuerdo de algo bueno. Me recuerda que Dios me daba un bálsamo mientras esperaba por mi total sanación. Todo esto lo entendí aquel día que años después de mis crisis encontré estos versos en la Biblia.

"¡Lloren por ella!
¡Busquen algún remedio para su pena,
a ver si recobra la salud!".
Jeremías 51:8

Con el paso de los años he aprendido a vivir organizadamente y con lo mínimo. Para darle de comer a mi familia, uso un presupuesto económico, preparo un menú de antemano y mantengo mi nevera y mi alacena organizadas. Aprendí que no puedo desperdiciar nada y que debo organizar mi tiempo entre el trabajo, las actividades y los hijos. Por eso cocino los fines de semana y dejo todo meticulosamente arreglado, para pasar poco trabajo durante la semana y tener tiempo para descansar y disfrutar. La culpa se apodera de mí cuando tengo que darles a mis hijos comida congelada o mal preparada, o gastar dinero comiendo fuera por mi falta de preparación. Siempre tengo una pequeña agenda y lápiz disponible, para anotar diligencias importantes y lo que hace falta en la casa. Mantengo un jardín en mi casa donde siembro hierbas, frutas y vegetales. Durante muchos años de mi vida y siendo una mujer divorciada, sobreviví con lo que ahora cariñosamente llamo, un **#menú pálido**.

Recuerdo que mi menú consistía en alimentos básicos que curiosamente eran todos pálidos (blancos). Por años y por necesidad sobreviví con lo siguiente: arroz, sal, aceite, leche, pollo, huevos, papas, mantequilla y pan. Rara vez compraba frutas, vegetales o postres, ya que eran demasiado costosos para mi presupuesto. Me divertí mientras recordaba este peculiar menú. Me di cuenta de que el menú era tan pálido y necesitado de ánimo como mi propia vida. Eso sí, les aseguro que mis hijos nunca lo notaron, ya que hacía maravillas con estos ingredientes. Bendito Dios que me cambió la vida y hasta le puso un poco más de color a mi menú. De esta época de mi vida guardo buenos recuerdos y las destrezas de sobrevivencia que adquirí. Tengo por seguro que Dios nunca desampara a las mujeres que enfrentan la vida sin marido.

> **Durante muchos años de mi vida y siendo una mujer divorciada, sobreviví con lo que ahora cariñosamente llamo, un #menú pálido.**

Cuando no estoy con mis hijos, me escapo al área del mercado donde venden los perfumes y maquillajes. Allí me miro en el espejo con las costosísimas carteras que valen un sueldo de 6 meses. Si puedo costear lo que deseo, me lo compro, de lo contrario no lo compro pero busco una alternativa que sea legal y que se ajuste a mi presupuesto. Siempre consigo lo que necesito por un precio módico. En el mercado veo la provisión de Dios en mi vida y aunque no pueda complacer mis caprichos, sé que estas cosas siempre estarán disponibles. Por lo pronto, me enfoco en lo que tengo y en encontrar lo necesario para vivir. Aún con todas las necesidades que he tenido, Dios ha suplido y nunca me he ido a la cama con hambre. No ha habido crisis que no haya podido superar porque Dios siempre me ha dado lo que necesito de una forma u otra para mi familia, ya sea vivienda, ropa, servicios médicos, transportación, etc. Yo coopero con Dios estando alerta para que las bendiciones que me envía no se me escapen a causa de mi despiste.

Ahora les presento a una mujer de la Biblia que resolvía las crisis sin perder tiempo. También las llevaré a visitar en su imaginación un mercado con una extensa selección.

ABIGAIL

Les presento a Abigail, una mujer bíblica que era muy juiciosa y supo cómo resolver una gran crisis sin perder tiempo a pesar de tener un marido grosero y bebedor. Ella compartió su provisión con los más necesitados en su aldea. Lean su historia en 1 Samuel 25. Esta interesante historia bíblica nos recuerda que:

1. Las mujeres somos capaces de resolver las crisis si usamos nuestro buen juicio y si aceptamos a Dios en nuestras vidas.
2. Las crisis son temporeras y requieren de acción por nuestra parte para ser resueltas. Abigail actuó sin perder tiempo y así pudo salvar a su familia de una inminente tragedia.
3. Igual que Abigail, tal vez no te mereces lo que estés pasando, pero de todas maneras tienes que enfrentar la situación y sacar provecho de la misma.
4. Dios usa las crisis para dar oportunidades. Abigail conoció a nuevas personas, incluyendo un nuevo y mejor marido.

¿Deseas ser juiciosa como Abigail?

MÁS ALLÁ DE PROMESA

MERCADO CENTRAL DE ABASTO, CIUDAD DE MÉXICO, MX

El Mercado La Providencia es uno de mis lugares favoritos de Promesa. Aquí he pasado momentos inolvidables con mis hijos mientras aprendemos sobre comida, fe y cultura. Este mercado lo recorro completo en muy poco tiempo y aunque cumple mis expectativas y necesidades, sueño con visitar un mega mercado donde pueda encontrar productos que jamás hubiera imaginado. Algo así como la Central de Abasto en Ciudad de México. Me emociona pensar que puedo alojarme en un hotel cerca del mercado y permanecer por allí varios días recorriendo las más de 300 hectáreas que lo componen y visitando miles de puestos con productos mientras aspiro aromas, pruebo comidas y conozco personajes locales. Mientras existan mercados, ya sean grandes o pequeños, sé que mi comida nunca escaseará.

¿Deseas ir conmigo de excursión a este mercado?

PARADA #3

Hogar, Protegido Hogar

*"Pero mi familia y yo hemos decidido
dedicar nuestra vida a nuestro Dios".*

Josué 24:15

UNA PROMESA DE PROTECCIÓN
¡DIOS PROTEGE TU CASA!

Objeto que nos recuerda esta promesa: Metal

*"Pues él ha reforzado las rejas de tus puertas y
ha bendecido a tus hijos que habitan
dentro de tus murallas".*
Salmos 147:13 (NTV)

*B*ienvenidas a mi centro de mando. Llegamos a la calle Escudo en los suburbios de Promesa. Se destaca el rótulo de madera frente a la casa con el nombre familiar. Exhibe el rótulo los cuatro apellidos de mi casa: Arroyo-Del Pozo-Torrente-Del Río. La gente insiste en que lo recorte y solo use el apellido de mi esposo, pero yo me rehúso. Aquí todos tenemos apellidos diferentes y es injusto dejarlos sin mencionar. Perdonen si ven algo fuera de lugar; hago lo que puedo para mantener este sitio funcionando. Vi lo mucho que ustedes disfrutaron la movida y alegre samba que escuchamos de camino a mi casa. Hasta algunas se atrevieron a bailar.

Una mujer me dijo: "Tengo una casa limpia y organizada.

Mis niños son respetuosos.

En mi casa no hay gritos ni quejas.

Se respira paz y armonía.

Todo aquí camina como un reloj".

"Algo anda mal con el reloj mío", pensé yo.

Le aconsejo que se pongan un poco de lápiz labial antes de continuar con el recorrido. Queremos mejorar esa imagen pesimista y triste que suelen tener sobre las mujeres que están enfrentando algún proceso difícil. Ustedes necesitan alegría, alternativas, recursos, inspiración, ánimo y esperanza.

Ya estoy empezando a ver una que otra sonrisa, exceptuando a Platina, que está muy seria y pensativa. Platina, una de las mujeres que nos acompaña hoy en la excursión está muy callada y retraída. Parece estar asustada con el bullicio de las demás. Antes de comenzar la excursión comentó brevemente:

–Mi esposo murió trágicamente en un accidente de trabajo hace 5 años y desde entonces vivo temerosa, deprimida y ansiosa. Tuve dos hijos con mi esposo. No trabajo fuera del hogar, porque me dedico al cuidado de mis hijos de edad escolar. Al morir mi esposo, quedé en una posición acomodada y no tengo problemas de escasez. Soy dueña de mi propia casa. No tengo ánimos de hacer nada, ni siquiera voy a la iglesia. En el funeral de mi esposo muchos me prometieron ayuda, pero con el pasar del tiempo me han abandonado, nadie se acerca a ayudarme. Me siento muy sola y desprotegida.

Luego de una breve pausa para enjugarse las lágrimas continuó:

–Antes de casarme, fui coronada Srta. Promesa. Guardo en un cofre con llave mis dos grandes recuerdos: mi corona de reina y mis anillos de bodas con mi difunto marido. Cuando deseo tener un momento de felicidad, llevo mi cofre frente al espejo y allí me coloco mi exuberante corona y mi costoso anillo de bodas y recuerdo lo que un día fui.

Nos mostró fotos del día de su coronación. Platina está irreconocible. El sufrimiento la ha envejecido a destiempo y le ha opacado el brillo y la chispa que antes tenía. Aún así, posee una belleza muy particular y exótica, acentuada por su lisa y oscura melena, sus alargados ojos negros y su piel color oliva. Es la segunda generación de su familia en Promesa. Sus padres emigraron del Medio Oriente, evadiendo la persecución religiosa al convertirse al cristianismo. Aunque es muy hermosa, tiene 31 años y ha tenido pretendientes, ella no desea volver a enamorarse. Toma pastillas para la depresión y asiste a terapias psicológicas una vez por semana. No sale mucho de su casa y tiene pocas amigas. Su familia está lejos de Promesa, a unas 8 horas en auto. Ella los visita cada año para las festividades de fin de año.

Tomen asiento en mi terraza y disfruten de la vista, en especial de la preciosa planta de orquídea rosada que adorna mi patio, junto con los vegetales y hierbas. Desde aquí les quiero explicar algunas cosas que quiero que aprendan y que tal vez nadie se atreve a decirles por miedo a ofenderlas, lastimarlas o sensibilizarlas. Muchos de los temas que tocaremos en esta parada son tabúes en nuestras familias, iglesias y comunidades. Yo les diré lo necesario para que ni ustedes ni sus hijos sufran por su falta de malicia y conocimiento. Desde nuestras casas, manejamos lo más importante que tenemos en nuestras vidas, que es la familia. En la familia vemos representada la compañía, cariño, protección, valores e intimidad. De nada sirve ser exitosas en todo y que nuestra casa sea un desastre. De todas las tareas que Dios nos dio, cuidar de nuestra familia es la más sagrada. Una mujer sin marido depende totalmente de Dios ya que debe cumplir con una multitud de responsabilidades.

> **Además de cuidar de todos, las mujeres sin marido deben saber que ellas también son importantes y que deben tener vidas productivas y felices a pesar de las circunstancias que se presenten.**

A veces en el afán de proveer lo mejor para los hijos, los dejan solos en el hogar o no pueden ir a sus actividades escolares o recreativas. Es muy difícil balancear las responsabilidades del hogar, las actividades laborales y la vida personal. Además de confiar en Dios, una mujer sin marido debe vivir una vida organizada para poder cumplir con todas las demandas del diario vivir. Su casa también debe estar organizada y limpia. Es muy necesario que tenga siempre a mano una agenda o cuaderno para anotar compromisos, gastos, compras, citas médicas, actividades escolares y recreativas, etc. Manejar una casa sola puede ser motivo de preocupación y ansiedad, pero ante todo, una mujer debe cuidar su salud física y mental para que pueda hacerse cargo de los que dependen de ella. Además de cuidar de todos, las mujeres sin marido deben saber que ellas también son importantes y que deben tener vidas productivas y felices a pesar de las circunstancias que se presenten.

La Biblia es clara en cuanto al plan de Dios para las familias, pero como con muchos otros planes de Dios, nosotros los hemos dañado. Ahora la sociedad quiere encajar a todas las familias en un solo modelo que no se ajusta a la realidad de nuestros días. Las mujeres sufrimos discriminación, burlas y desprecio cuando no encajamos en ese molde. Peor aún, hay muchas mujeres que todavía viven con sus agresores por el hecho de tener un matrimonio. Es como si a Dios le agradara lo que sucede dentro de un núcleo familiar así. La mayoría de las mujeres a las que apoyo deseaban un hogar estable y feliz, pero no lo consiguieron, al menos cuando el esposo o pareja estaba cerca. Se nos ha hecho creer que es mejor que un niño tenga los padres juntos, aunque vivan infelices y bajo maltratos. Muchas mujeres han empezado a prosperar luego de un divorcio o separación ya que las condiciones en que vivían no eran aptas para su desarrollo.

Nos han vendido un ideal acerca de las familias perfectas y lo hemos comprado. Ahora al resto de las familias que no caen en este molde antes mencionado, se les llama disfuncionales, compartidas, rotas, mixtas o reestructuradas. Son objeto de toda clase de burlas, comentarios y estadísticas. A estas mujeres sin marido se les llaman vasijas rotas, que les falta la media naranja, flores marchitas, adúlteras, que son madre y padre, y mucho más. Las mujeres sin marido y hasta las mujeres casadas deben sentirse como naranjas completas, a ninguna mujer le falta la mitad. Sobre esas mujeres sin marido se redactan muchas estadísticas negativas, incluyendo a los que pronostican que de seguro su próximo matrimonio también fracasará. Se dice que sus hijos son criminales, que sus hijas son promiscuas y que saldrán con toda clase de traumas por no tener a papá en la casa. Dios no está de acuerdo con eso. No hay estadística, no hay reporte negativo que se pueda interponer ante los designios y la voluntad de Dios. La voluntad de Dios prevalece y cancela toda estadística, maldición, atadura, mal pensamiento, mal deseo y cualquier mal planificado en contra de nuestras familias.

> **La voluntad de Dios prevalece y cancela toda estadística, maldición, atadura, mal pensamiento, mal deseo y cualquier mal planificado en contra de nuestras familias.**

Cada mujer debe decidir si escucha y cree en estadísticas o si va a creer en las Promesas de Dios. No es posible creer en ambas.

Las mujeres que no tuvieron hijos o las que nunca se casaron tienen que vivir soportando las habladurías de los demás. Es como si algo les faltara, como si todo el mundo tuviera que hacer lo que hacen los demás. Las mujeres sin marido caen en la categoría de las villanas de la aldea junto a las mujeres de mala vida. Frecuentemente, las mujeres sin marido son acusadas de no haber sido lo suficientemente buenas para retener algún marido, pero suficientemente hábiles como para quitarle el marido a otra mujer. Las viudas reciben la mejor parte, pues la gente les tiene más compasión. Es por esta razón que muchas personas ayudan a las viudas pero no ayudan a las mujeres divorciadas o madres solteras. Dios no discrimina y las ayuda a todas por igual. (Hechos 10:43, Romanos 2:11, Gálatas 2:6, Efesios 6:9)

Restaurando un hogar sin marido

«Reconstruirán las ruinas antiguas,
reforzarán los cimientos antiguos,
y los llamarán:
"Reparadores de muros caídos,
Reconstructores de casas en ruinas".»
Isaías 58:12

Las mujeres son todas artesanas, construyen su propio nido que, aunque debería ser blindado y de metal, es débil como un nido de pájaro que se lo lleva el viento. De niñas a algunas no nos preparan, no nos enseñan, nos casamos y comenzamos a tener una familia sin tener expectativas claras del futuro. Tenemos tantas presiones y muchísimas responsabilidades.

Muchas personas ayudan a las viudas pero no ayudan a las mujeres divorciadas o madres solteras. Dios no discrimina y las ayuda a todas por igual.

Por estos motivos y por muchos más es que debemos buscar la dirección de Dios y no seguir lo que la sociedad cree que debemos hacer. Cada familia es única por lo que cada mujer debe reconocer que es lo mejor para su familia. Cuando una mujer se queda sola, ya sea por elección o porque fue obligada a serlo, ella tiene una nueva oportunidad de restaurar su hogar. Lo que le queda a una mujer es una familia completa ya sea por separación o viudez. El problema comienza cuando la mujer descuida lo que le quedó, enfocándose en recuperar al que se fue o en iniciar una relación con un sustituto, pensando que ella está incompleta o que no puede luchar y triunfar sola. Muchas mujeres desperdician años productivos de su vida tratando de restaurar un matrimonio sin arreglo o de recuperar al esposo que ya no le interesa volver al hogar.

La restauración matrimonial es el deseo de Dios para las familias destruidas por cualquier razón. Existen muchos programas de ayuda para matrimonios que desean restaurarse. Dios sabe lo que está pasando dentro de tu casa y alrededor de ella. Tu enfoque debe ser quedar bien con Dios en lo que tú sí puedes controlar y hacer lo mejor que puedas con la familia que te queda. No hay verdadera restauración matrimonial si el esposo no está participando, entonces ¿por qué hay mujeres que insisten en seguir tratando de restaurar un matrimonio mientras que ese esposo lo desechó y no tiene ningún interés en volver y arreglar la situación? Muchas mujeres, cargan con responsabilidades y culpas de otros echándose toda la culpa por el fracaso del matrimonio. Mientras estén batallando en contra de la corriente para traer de vuelta a un esposo que no quiere regresar al hogar, sus hijos sufren, ustedes se desgastan y nada pasa. Es impresionante la cantidad de tiempo y energía que muchas mujeres emplean y gastan a fin de lograr traer de vuelta a los maridos, mientras que descuidan su físico, vidas, hogares e hijos. Si alguna de ustedes está en esta situación, acepte lo que tiene que aceptar y cambie de plan. *¿Qué tal el plan de restauración de su propia alma y vida?* Tal vez por ahí deberían empezar. Segundo, podrían usar esas energías e invertirlas en sus hogares para planificar una vida mejor para sus hijos. Tercero, oren para que se cumpla la voluntad de Dios en sus matrimonios y familias, no para que Dios les conceda sus caprichos, les ayude en un plan de venganza o para que las libere de un divorcio con el propósito de evitar la vergüenza. Esto no significa ir en contra del matrimonio, es hacer lo posible por salvar a la familia.

Cuando un hombre ve que una mujer mejora, y que todo marcha bien, se sorprende y a veces desean regresar. Los hombres no pueden ser encadenados a las puertas de una casa donde ellos mentalmente ya no están. No es su responsabilidad, ni cambiarlo, ni ofrecerle una felicidad que no desea ni aprecia. Si alguna de ustedes ama a un hombre que ama o comparte su vida con otra mujer al mismo tiempo, debes hacerte el favor de repetir lo siguiente: *"Lo acepto, la prefiere a ella. Lo dejo ir"*. Eso es durísimo de aceptar, pero es el primer paso para dejar de amar a un infiel. No es aceptable que una esposa se rebaje y se convierta en amante del propio marido infiel para tratar de traerlo de vuelta. En ese caso, la esposa debe demandar respeto y esperar que Dios obre en su matrimonio.

Dios quiere que te restaures, te valores y te respetes. Es un alivio si el esposo regresa y todo vuelve a ser como antes. Pero si no está en el plan de Dios, no pasará. Entonces, ¿será el plan de Dios que haya tantos hogares destruidos? No, Dios no tiene culpa de nuestras malas decisiones. No podemos culpar a Dios de que no nos ayuda a restaurar un matrimonio que él mismo no aprobó. Por otro lado, si un hombre rompe los votos matrimoniales después de 20 años de casados, ese hombre cambió de opinión y hay que dejar que Dios se encargue de él. Eso tampoco es culpa de Dios.

¿Qué tal cuando una mujer queda embarazada de un hombre que no es su marido, o cuando se muda con un hombre sin casarse, o cuando se enamora del marido de otra mujer? Muchas veces, hacemos las cosas mal, le llamamos a esta unión una familia, y entonces le echamos a Dios la responsabilidad y la emergencia de restaurar algo que Él nunca aprobó.

Restaurarse significa poner algo en su estado original. Pero primero, deberían hacerse cargo de ustedes y de estar seguras del paso que están dando, para que no caigan en la trampa de la restauración matrimonial permanente. Esos son matrimonios que están continuamente siendo restaurados porque siempre están en crisis. Esos matrimonios en continua restauración son como esas avenidas donde siempre hay grandes proyectos de construcción que dificultan el tránsito; algunos años agrandan la avenida, el otro año le cambian el pavimento, y así vemos años tras año que esa carretera nunca llega a ser una carretera normal, como esas que tienen un hueco aquí y otro allá, y que sufren del desgaste normal que sufre una avenida. Ese tipo de inestabilidad atrasa a las mujeres en su caminar por la vida y afecta a los hijos en gran manera. Un matrimonio saludable es como una avenida que requiere mantenimiento regular para ser conservada en buen estado y quienes transitan esa avenida ni notan que está en reparaciones, porque sencillamente luce lo más normal posible.

Algunas mujeres sin marido en su empeño por completar la familia se involucran en nuevas relaciones más o menos igual de malas que las anteriores. Hay que aprender a esperar con paciencia por el tiempo de Dios. Muchas mujeres, cuando encuentran una nueva pareja, rápidamente se sacan una foto y la suben a las redes sociales como queriendo anunciar que la familia está creciendo. Es como si ahora que están acompañadas de un nuevo hombre, las hiciera subir de categoría. Entiendo que se está buscando protección y compañía en un hombre y no en Dios. Las mujeres sin marido no necesitan representante, Dios las representa y las protege.

Quiero alertarlas sobre algo, una vez más. Cuidado con los *buitres* que se acercan a sus nidos luciendo como águilas y adulándolas con palabras dulces y promesas. No confíen ni crean en ofertas amorosas que son ofrecidas a la ligera. Probablemente sean falsas. Cualquier hombre puede mantener una falsa identidad o demostrar un falso interés por unos pocos meses. Usen su buen juicio, tomen las cosas con calma y esperen con paciencia por confirmación de parte de Dios, de que ese hombre es el adecuado. Solo con tiempo comprobarán que esa persona ha llegado a ayudarte a mejorar lo que tienes.

> **Cuidado con los *buitres* que se acercan a sus nidos luciendo como águilas y adulándolas con palabras dulces y promesas. No confíen ni crean en ofertas amorosas que son ofrecidas a la ligera. Probablemente sean falsas.**

Si algún día vuelven a casarse, honren y respeten al hombre que eligieron. Sean agentes de cambio, no repitan errores del pasado. Con nuestras decisiones tenemos el poder de cambiar una generación entera. Entiendo que en estos tiempos modernos no es fácil conseguir pareja ya que rara vez se consigue pareja de la manera convencional. Ahora se recurre a buscar pareja en línea, recomendados por amigos, etc. lo cual es válido siempre que se usen medidas extremas de precaución para no caer en trampas, mentiras y situaciones peligrosas. Recuerden que no todos los hombres buenos están comprometidos por lo cual no hay que desear el marido que Dios le dio a otra mujer. Deben desarrollar una destreza que les permita discernir entre un hombre bueno y uno que tiene malas intenciones. Las mujeres deben planificar sus familias y solo tener los hijos que puedan mantener económicamente y darles una buena calidad de vida. No es necesario tener un hijo con cada novio o marido ya que sabemos que los hijos no retienen a ningún hombre al lado de una mujer ni tampoco hacen que las amen más. Lean la historia bíblica de Lea y Raquel en Génesis 29 y 30 que relata la competencia entre dos hermanas por el amor de un mismo hombre.

> *Por tercera vez Lea quedó embarazada,*
> *y cuando tuvo a su hijo exclamó:*
> *«Ahora mi esposo va a sentirse más unido a mí,*
> *pues ya le he dado tres hijos».*
> *Génesis 29:34*

Mantengan abierta la comunicación con sus hijos. Si un hijo se queja de la nueva pareja que han elegido, tomen esa acusación como cierta hasta que investiguen. Jamás pongan a sus hijos en segundo lugar por defender un nuevo hombre en su vida pues los hombres van y vienen, pero los hijos se quedan para siempre. No permitan que llegue a su casa cualquiera a dar órdenes, a tomar decisiones y a echar a un lado a sus hijos. Tomen y mantengan el control de su familia. Tampoco crean que porque sus hijos están dentro de sus casas están seguros. Hoy día, con el uso de la tecnología, las madres deben estar al tanto de las actividades de sus hijos aún dentro de su hogar. Muchos depredadores sexuales buscan a sus víctimas a través de contactos por videojuegos o haciéndose pasar por niños a través del internet. Les exhorto a que estén al tanto de las actividades en línea de sus hijos.

Mis vivencias en el Hogar

"Cuídame como a la niña de tus ojos;
escóndeme, bajo la sombra de tus alas".
Salmo 17:8 (NVI)

De niña soñaba con dos tipos de hombres, con mi príncipe azul y con otro tipo de príncipe. Soñaba con que un extraño se me presentaba y me decía: "Yo soy tu verdadero papá". Aunque eso nunca sucedió, fue de gran consuelo para mí conocer a mi verdadero padre, Dios. El sí me protege, me ama y me cuida. En su presencia me siento segura y protegida. Al conocerlo, por fin encontré todo lo que me faltaba. Dios es siempre el mismo.

"¡Dios no es como nosotros!
No dice mentira alguna ni cambia de parecer.
Dios cumple lo que promete".
Números 23:19

Tener un hogar protegido ha sido una prioridad para mí. Así fue como cambié la perspectiva de lo que es un hogar, también la perspectiva de un caos al orden, de la decepción a la esperanza, de la pobreza a la prosperidad, de los cambios a la estabilidad, y de las pérdidas al legado. Tuve que aprender muchas cosas por mi cuenta y desechar cosas de mi cultura que no me convenían.

Yo comencé a restaurar mi hogar sin tener marido y sin expectativas de conseguir uno. Aparentemente a Dios le agradó mi esfuerzo. Me bendijo tanto que me regaló un marido cristiano, para que me ayudara a mejorar un hogar que ya yo había aceptado como mío, y en el cual ponía todo mi esfuerzo. He tratado de tener un hogar normal, sin demasiadas restricciones y sin abusos. He aprendido a vivir con lo que tengo sin estar deseando lo que tiene el prójimo y sin tener exceso de propiedades materiales. He logrado hacer de mi casa un lugar integral que, aunque no

> No caigan en la trampa de la restauración matrimonial permanente.

es perfecto, vivimos felices en él. Dentro de mi casa tengo todo lo que necesito, además de cosas que me entretienen, me relajan y me hacen feliz. Tengo abundancia de materiales para hacer manualidades tales como prendas, jabones, velas, cerámica, barro y papelería, con las cuales paso mis ratos libres para sentirme productiva y desechar el aburrimiento. Desde mi pequeña terraza veo mi precioso jardín donde recibo también la visita de pájaros multicolores, gigantescas mariposas y uno que otro animal que vienen a alimentarse de mi cosecha incluyendo ardillas, mapaches, coyotes, tortugas, insectos y culebritas. En mi terraza tengo un mueble donde despliego orgullosamente mi colección de semillas organizadas por orden alfabético y muy bien protegidas en un contenedor.

Desde mi casa escribo y trabajo para apoyar, inspirar y educar mujeres sin marido alrededor del mundo, pero no siempre fue así. Durante décadas, pasaba más tiempo en el trabajo que en mi propia casa. Mis hijos eran los primeros en ser llevados al centro de cuidado infantil y los últimos en ser recogidos. Vivía una vida caótica llena de penas y de necesidad. En mi casa faltaba la provisión, faltaba el dinero, faltaba el amor, faltaba la paz. Estábamos carentes de todo. Eso terminó al ser rescatada del bosque.

Aquí vivo con mi esposo, mi hijo y mi hija. Mi esposo tiene dos hijos adultos que viven muy lejos de Promesa. Ellos se llaman regularmente. Él estuvo casado con la madre de sus hijos por 16 años. Aunque él no quería divorciarse, su propio pastor le aconsejó que lo hiciera. Él y la madre de sus hijos no terminaron en buenos términos y mi esposo no está interesado en relacionarse con ella. Yo respeto y entiendo su decisión. A mi esposo le permito y le agradezco que intervenga en la crianza, educación y disciplina de mis hijos. No obligo a mis hijos a que le llamen "papá". Ellos tienen sus padres y no hay que mezclar roles. Nuestras finanzas están unidas, usamos la misma cuenta de banco y nos apoyamos mutuamente en todo. Cuando los padres de mis hijos vienen a buscarlos, son bienvenidos. Ambos exesposos se llevan bien con mi esposo actual. Tengo con ellos unos arreglos verbales pero muy formales de "Acuerdo de Paz Familiar". Por experiencias pasadas, sabemos que cualquier cosa que hagamos para perjudicarnos repercutirá en nuestros hijos. Como familia, celebramos nuestra cultura en diversas fechas, hacemos comidas y compartimos regalos. He pasado muchas festividades, cumpleaños y momentos importantes sin mis hijos porque se han ido a compartir con sus padres. Los padres también tienen derecho a pasar tiempo con sus hijos. Al principio se me hizo muy difícil estar sin ellos, pero luego me acostumbré. Ahora disfruto mi vida sin pena ni culpa alguna, me voy de vacaciones y hago mi vida normal con mis hijos o sin ellos. Nuestro pasatiempo familiar favorito es cocinar comidas locales de Promesa y también recetas típicas de nuestra cultura. Colecciono una gran variedad de cactus suculentas los cuales siembro en jarrones de metal. Tengo una pequeña colección de abanicos de mano. Conservo y custodio con celo una botica en un estante repleto de ungüentos, hierbas y aceites de diversas partes del mundo. Nos gusta ir de campamento y hacer viajes cortos cerca de nuestra aldea. Hablamos dos idiomas en nuestra casa, aprendimos el idioma de Promesa y mantenemos vivo el idioma que hablamos en el país donde nací. Amamos nuestra identidad cultural, a la vez que aceptamos y disfrutamos la cultura de Promesa.

Hay un accesorio en la puerta de mi hogar que se usa en los hogares judíos, pero que yo lo he incorporado en mi familia. Se consiguen de muchos tamaños y decoraciones. Se llama una mezuzá y contiene adentro un texto bíblico conocido como el Shemá. Este accesorio no es un amuleto de buena suerte o de protección. Es solo un recordatorio de que Dios protege nuestras casas y de nuestros deberes con Dios. Estos versos bíblicos contienen el mandamiento más importante que Dios nos da. Creo firmemente en esta oración.

El mezuzá que yo elegí es una cajita transparente con accesorios color dorado, de unas tres pulgadas de largo y media pulgada de ancho, que contiene un rollo de pergamino con la siguiente frase bíblica escrita a mano en hebreo.

El Shemá
Deuteronomio 6:5-9

"Ama a tu Dios con todo lo que piensas,
con todo lo que eres y con todo lo que vales.
Apréndete de memoria todas las enseñanzas
que hoy te he dado, y repítelas a tus hijos
a todas horas y en todo lugar:
cuando estés en tu casa o en el camino,
y cuando te levantes o cuando te acuestes…
Escríbelas en la puerta de tu casa y
en los portones de tu ciudad".

Deseo que mis hijos estén seguros en mi casa, que todos estemos cómodos, y que nadie se sienta excluido. No permito que mis hijos se tengan pena o usen un vocabulario de derrota o pesimismo. Mi trabajo como madre ha sido prepararlos en la vida para que sean independientes, no para que dependan de mí. Me hace feliz ver como mis hijos se desenvuelven en diferentes ambientes sin sentir nostalgia ni pena y sin importar si yo estoy o no presente.

Promuevo la fe, la diversidad, la tolerancia y la creatividad en ellos. A la vez que ayudo a mis hijos, yo conservo mis sueños y procuro ser productiva, logrando así un hogar balanceado y feliz para todos. Siempre les recuerdo que yo también tengo una vida que vivir. Con pena observo como muchas mujeres escudan sus sueños, deseos y ambiciones detrás de su rol de madre. Los hijos no deberían ser usados como excusa para no cumplir los propósitos de Dios en nuestras vidas. Es posible ser una buena madre a la vez que se esfuerzan por educarse, cuidarse y prosperar. Una mujer sin marido, si le pide sabiduría a Dios, puede criar hijos estables, felices y buenos ciudadanos.

> **Muchas mujeres escudan sus sueños, deseos y ambiciones detrás de su rol de madre.**

Ahora les presento la historia bíblica de Noemí, una mujer que pensó que había perdido su familia para siempre y a la cual Dios le restituyó lo que había perdido. También les presentaré mi modelo de casa ideal.

NOEMÍ

Lean en Rut 1:1-7, 18-22 una bella historia bíblica de restitución, protección y esperanza. Esta mujer, luego de quedar viuda y de perder sus dos hijos, regresó a su país natal con las manos vacías. Dios la acompañó y la protegió, aunque ella creía lo contrario.

Esta triste y a su vez esperanzadora historia bíblica nos recuerda que:

1. Desconocemos los planes de Dios y debemos confiar en que Él está a cargo de nuestra protección física y espiritual en todo momento.
2. Dios no se ha olvidado de ti ni te está castigando. Tienes que vivir y superar este proceso.
3. Tal vez Dios no te devuelva exactamente lo que perdiste, pero te dará el equivalente de aquello que necesites.

¿Confías en que Dios puede restituirte

lo que crees que habías perdido?

MANSIÓN DE GEORGE WASHINGTON, MT. VERNON, VIRGINIA, EE.UU.

Si me dieran la oportunidad de tener la casa de mis sueños, no pediría vivir en un lujoso palacio, y sí en una réplica modernizada de una bella mansión. Me refiero a la mansión residencial privada de George Washington, el primer presidente de Estados Unidos. Se le conoce como Mount Vernon por el lugar donde está ubicada en las afueras de Virginia, EE.UU. He visitado esta mansión varias veces y siempre deseo regresar. Mi parte favorita son los jardines meticulosamente arreglados. Todo allí apunta a un hogar apacible, cómodo y bien planificado. Desde ese hogar se manejaban asuntos de negocios, civiles y políticos, y se planificaba y cuidaba con esmero los jardines y los animales. La familia observaba principios cristianos. En fin, percibo este lugar como un centro de mando para vivir una vida plena, rodeada de la naturaleza y de todo lo que ella nos puede ofrecer. Aunque no todas podemos vivir en una mansión así, podemos copiar el ejemplo de tener hogares integrales, estando confiadas en que Dios protege nuestra casa.

¿Visitarías esta mansión conmigo?

PARADA #4

Centro del Pueblo

*"Y no se olviden de hacer el bien
ni de compartir lo que tienen
con quienes pasan necesidad.
Estos son los sacrificios que le agradan a Dios".
Hebreos 13:16 (NTV)*

UNA PROMESA DE COMPAÑÍA
¡DIOS ES TU MARIDO!

Objeto que nos recuerda esta promesa: Soga

"Porque Dios es tu creador y te tomará por esposa".

Isaías 54:5

$\mathcal{S}$é que les encantó la activa canción de Bollywood que escuchamos en el largo trayecto de los suburbios hasta este multicultural y vibrante Centro del Pueblo.

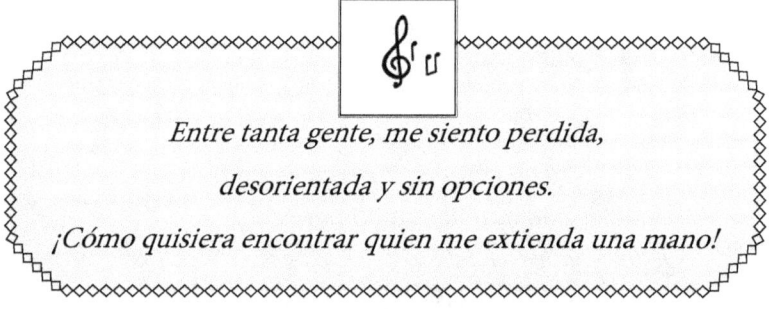

Entre tanta gente, me siento perdida,

desorientada y sin opciones.

¡Cómo quisiera encontrar quien me extienda una mano!

Esta estrofa parece haber sido escrita especialmente para Soledad, una mujer de 51 años, de pelo lacio, negro y grandes ojos oscuros. Ella usó como excusa para no acompañarnos en la excursión, que no podía dejar solo a su único hijo. Sin embargo, sabíamos que debíamos ayudarla. Para que ella nos acompañara, dos voluntarias se encargaron de su hijo autista de 19 años, quien requiere supervisión constante ya que le dan ataques de pánico y se torna violento en ocasiones. Ella se ve feliz aquí en el bus, relajada y disfrutando de este momento. Nos comentó:

–Me ha hecho bien esta excursión, al fin puedo hacerme cargo de mí. Tengo discapacidades físicas y emocionales. También soy sobreviviente de cáncer. Recibo ayuda del gobierno por mi hijo, pues no lo pueden tener en ninguna escuela. Participa de un programa donde recibe ayuda en nuestro hogar, enseñanza, y terapias físicas y psicológicas. Mi exesposo y padre de mi hijo nos abandonó hace años y aunque él también vive en Promesa y nos da dinero, no viene a verlo ni lo llama. Siempre estoy sola, no visito a nadie, ni nadie me visita a mí. Cuando me acuerdo, algunos domingos, veo la misa televisada ya que ni a la iglesia puedo ir. No conozco a mi verdadera familia, solo recuerdo que crecí con varias familias adoptivas. Solo veo la luz del día cuando voy a alguna cita médica. Me siento cansada, sin apoyo y abrumada de responsabilidades.

En este centro del pueblo es donde una mujer descubre que no está tan sola como creía. Aquí encuentra lo que necesita para no tener que asumir roles que no le corresponden ya que tiene el mejor representante, Dios. Una mujer debe mantener los ojos bien abiertos, y una buena actitud, para buscar y encontrar lo que ella y su familia necesitan. De seguro que aquí hay ayudas que ella ni sabe que existen. Vamos a recorrer las calles de este pintoresco centro del pueblo para enseñarles dónde están los servicios que necesitarán tal vez hoy o mañana. Mientras hacemos esto, aprovecho para presentarles nuestra cultura y nuestros famosos personajes pueblerinos.

El centro del pueblo está en la bajada de la calle Cordón Triple, que se entrecruza con la avenida Camino Sagrado. Por aquí se llega al muelle, al aeropuerto, al hotel, a la playa del Mar Dulce Promesa, y también tiene salida a la autopista que conduce hacia nuestro pueblo vecino. Tiene dos áreas residenciales principales; una que está frente a la playa, que es para uso turístico y donde reside gente adinerada, y la otra área está compuesta de pequeñas casas antiguas y edificios de vivienda de bajo costo. Las únicas cinco calles de este centro del pueblo están recubiertas de ladrillos y albergan pintorescos y coloridos edificios coloniales. La brisa de la cercana playa refresca cada calle del pueblo. Hay abundantes orquídeas rosadas, las cuales adornan cada calle de este pintoresco centro del pueblo. Estas flores son muy populares entre los turistas que nos visitan ya que en muchos de sus países estas orquídeas son consideradas flores exóticas y son muy costosas.

> **Una mujer debe mantener los ojos bien abiertos, y una buena actitud, para buscar y encontrar lo que ella y su familia necesitan.**

Aunque el mercado es el punto central de las compras, en el centro del pueblo encontramos también tiendas variadas y restaurantes de comida internacional. La gente que vive aquí es muy patriótica y despliegan orgullosamente en sus casas la colorida bandera de Promesa. También se observan las banderas de otros países del mundo colgadas de las ventanas de las casas o plantadas frente a los negocios. Así mantienen los inmigrantes su identidad cultural aunque hayan nacido muy lejos de Promesa.

En el muelle se aprecia todo tipo de barcas y pescadores llegando con la pesca del día sacada del Mar Dulce Promesa. Dicen que se llama así, porque la orilla de este mar no es tan salada como la de otros mares. Los miles de galones de agua dulce subterránea que nacen en las montañas del bosque nutren el pozo de la aldea y luego desembocan en el Mar Dulce Promesa. El agua dulce que nutre el pozo se sala en cuanto hace contacto con el mar. La única forma de tomar agua pura es visitando el pozo.

Disfrutamos ver un señor con un carrito de madera vendiendo frutas y vegetales. Él empuja con mucho esfuerzo su mercancía mientras un pequeño perrito siempre lo acompaña. Tiene colgando en su carrito una vieja pizarra escrita a mano con tiza blanca, donde anuncia lo que tiene disponible ese día y los precios. Además, tiene escrita la siguiente nota: *No fío ni vendo a crédito. Efectivo solamente.* Suena una campana cuando va llegando a las casas, para alertar a la gente a que salgan. Es refrescante observar a este vendedor entre los adelantos modernos y el bullicio del diario vivir.

Hagamos una parada en la casa de la señora de la aldea que vende helados artesanales con sabor a frutas, hierbas y vegetales. Algunos de los sabores favoritos de la gente de la aldea son el de maíz, menta, pepinillo, coco, fruta de la pasión, piña, fresa, limón y melón. Ella es divorciada, siempre usa un delantal y se gana su sustento vendiendo desde su casa. A cualquier hora del día esta señora vende helados a través de un pequeño hueco cortado entre los portones de metal de su humilde residencia. Su casa siempre está llena de niños a quienes ella cuida mientras sus madres trabajan. Se destaca por su buen humor y por su disposición de dar una palabra de aliento al que la necesite, todo incluido en el precio de un helado. Para nuestra sorpresa, supimos que esta señora es tía de Perla, una sencilla y cariñosa mujer mulata de 38 años que nos acompaña hoy. Perla también vive en el centro del pueblo. En la vivienda subsidiada por el gobierno donde Perla reside, ella exhibe orgullosamente la bandera del país donde nacieron sus padres. Aunque ella y sus hijos nacieron en Promesa, resguardan la identidad cultural de sus familiares, que en su mayoría, todavía viven en el país de origen de los padres de Perla. Ella tiene 3 hijos de padres diferentes y nunca se ha casado. Hace poco, tuvo un buen compañero, pero ella le fue infiel y él no la perdonó. No trabaja, le gusta la cerveza y las fiestas. Su hijo mayor está en la cárcel.

La curandera de la aldea es vecina de la señora que vende helados. Es viuda desde hace muchos años. La gente va a los doctores, pero vienen aquí a pedir una segunda opinión. Ella no cobra ni acepta propinas y vive humildemente. Se puede confiar en ella, si te puede ayudar te lo dice, y si está fuera de su alcance, te lo dice también. En esos casos, solo hace una oración por ti. Ella usa sus suaves y firmes manos para poner a dormir a los noctámbulos, curar empachos y enderezar espaldas torcidas. También le da alternativas a los desahuciados y prepara un popular té de hierbas amargas para tranquilizar el "mal de amores". Ella ora por la gente sin importarle sus creencias espirituales pues no es religiosa ni visita ninguna iglesia de la aldea.

Una mujer educada e informada será capaz de tomar buenas decisiones para su familia. Todas debemos ser defensoras de nuestros derechos de mujer y de nuestras familias.

Nos mostró su huerto, el cual parece estar más completo que el del jardín botánico. Aunque nada está rotulado, ella conoce las plantas y sus usos. Ella te pregunta por tu dolencia mientras te examina, se desaparece en el jardín, regresa con unas hojas y manojos de plantas en las manos, los hierve en agua, los endulza con miel local y te da a beber la misteriosa infusión mientras pronuncia una oración poniendo sus manos sobre ti. Lo que ella te dé para tomar, te lo bebes por fe. En el tiempo de antaño, cuentan que ella era la partera de la aldea. Al final de su carrera alega haber ayudado a traer a cientos de niños al mundo, pero ya no puede asistir en los partos por las regulaciones y leyes de salud. Es muy respetada por todos en esta aldea, porque nunca sabes cuando la vas a necesitar. Más que vecinas, estas dos mujeres parecen hermanas. Ambas son voluntarias en el refugio de Promesa para las mujeres víctimas de violencia doméstica. Es allí a donde llegan muchas mujeres del bosque, para estabilizarse junto con sus hijos. Aquí en Promesa, muchas otras personas pretenden no saber acerca del sufrimiento de los demás, sin saber que el silencio y la inacción los convierte en cómplices.

Ya es hora de dejar el centro del pueblo para tomar una vez más la avenida Camino Sagrado que nos llevará hasta el Conglomerado de Iglesias El Pedregal. Observemos a un pintor de murales muy querido y respetado en esta ciudad por su aportación cultural a Promesa. Es famoso por su precisión al plasmar la historia, la multiculturalidad, la gente y las costumbres de esta aldea en los gigantescos murales que pinta en los edificios del centro del pueblo.

Una vez en la avenida Camino Sagrado, observamos los grandes edificios de Promesa. Se destacan los modernos edificios que albergan la policía, el hospital, las agencias del gobierno y las escuelas públicas. En Promesa, tenemos oficinas de servicios sociales, bancos de alimentos, albergues para niños huérfanos, abogados, el puesto de correos, bancos, la oficina de manutención del niño, psicólogos, centros para practicar deportes y la aclamada Universidad Nacional de Promesa. En el centro comunal y en la biblioteca pública ofrecen diversas clases gratuitas. Cerca del cuartel de la policía están ubicadas las dos prisiones de Promesa, una para hombres y otra para mujeres. Perla se puso muy triste cuando pasamos frente al lugar en el cual su hijo de 18 años cumple una larga condena. Las demás mujeres no tardaron en consolarla comprobando así que Perla no está tan sola como ella cree.

En estos tiempos modernos, el internet y las redes sociales son una extensión del centro del pueblo. En línea podrán encontrar una **#aldea global** con una gran cantidad de apoyo, recursos, información, ideas y capacitación en el ámbito local, nacional, internacional y mundial. Una mujer educada e informada será capaz de tomar buenas decisiones para su familia. Todas debemos ser defensoras de nuestros derechos de mujer y de nuestras familias mientras que respetemos los derechos de los demás.

Mientras seguimos el recorrido hasta las iglesias, les voy contando mi testimonio. No me lo contaron, lo viví aquí mismo en el Centro del Pueblo. Sin duda alguna, vamos con buen rumbo hacia el Pozo por el Camino Sagrado.

Mis vivencias en el Centro del Pueblo

"Sigue pidiendo y recibirás lo que pides;
sigue buscando y encontrarás;
sigue llamando, y la puerta se te abrirá".
Mateo 7:7 (NTV)

Sé que parte de mis vivencias las harán sentirse mejor. Ya no tendrán que pensar que solo a ustedes les pasan estas cosas en la vida. Por años, sentí vergüenza al aceptar que necesitaba ayuda. Aprendí que hay recursos y que es mi trabajo descubrirlos. Por necesidad aprendí a pedir ayuda, a preguntar, a rebuscar en los periódicos, a hablar con desconocidos y a navegar en el Internet. Ahora sé que si necesito algo, lo conseguiré. Una mujer está tan sola como ella lo permita, por lo cual cada mujer debe decidir que saldrá a buscar lo que ella y su familia necesitan. Deseo que cada mujer sin marido se eduque, que consiga el apoyo que necesite, que sea independiente y exitosa, para que pueda sacar adelante a su familia y nunca más tenga que sentirse sola.

En mi juventud estudié estética y belleza en una escuela en el Centro del Pueblo. Disfrutaba hacer tratamientos faciales, dar masajes, transformar rostros bellos en espectaculares usando técnicas de maquillaje y sobre todo me encantaba conversar con mujeres mientras las atendía. Al terminar mis estudios universitarios, decidí explorar otros trabajos. Trabajé como intérprete y traductora del idioma que se habla en Promesa a mi lenguaje nativo. Todo con el fin de ayudar a inmigrantes recién llegadas quienes se beneficiaban con este servicio pues tenían que asistir a citas médicas, reuniones de asuntos legales o comunicarse en las escuelas de sus hijos.

La vida continuó guiándome por un camino que yo creía equivocado. Durante más de un año trabajé en el centro del pueblo, para una agencia gubernamental que removía niños de hogares donde eran maltratados o que debían ser removidos por problemas judiciales. Mi corazón no podía soportar ver tanto sufrimiento en las familias. Sentía pesar por los niños, por sus padres y hasta por mí misma. Luego y por once años trabajé también en el centro del pueblo, en la agencia gubernamental AGUA en donde aprendí mucho sobre la condición humana. En ese trabajo a fin de procesar beneficios gubernamentales, ayudaba personalmente a viudos, incapacitados, enfermos terminales, personas con problemas mentales y también a felices retirados que reclamaban finalmente su jubilación. Eso fue para mí como una escuela donde vi mucha problemática social, miserias y luchas de la humanidad mientras entendí que Dios no desampara al necesitado. Ahora sé que Dios me estaba entrenando para hacer cosas mayores y que necesitaría todo lo que aprendí en esos trabajos, para poder realizar la labor que Él me tenía reservada. A veces no le encontramos el propósito a las cosas del diario vivir, sin saber que todo es parte del plan de Dios para nuestras vidas. Renuncié al trabajo en AGUA, en el cual era bien remunerada, para dedicarme a trabajar gratuitamente para la organización que fundé.

> **Muchas otras personas pretenden no saber acerca del sufrimiento de los demás, sin saber que el silencio y la inacción los convierte en cómplices.**

Al pasar por el frente de la Biblioteca de Promesa, recordé la biblioteca pública donde pasé gran parte de mi niñez y adolescencia y que fue un refugio seguro para mí. En los alrededores y dentro de la biblioteca se refugian del ardiente sol, algunas personas y familias pobres que algún día tuvieron sus hogares, pero que por situaciones de la vida ahora viven en las calles. Cuando veo a estas personas necesitadas allí, siento alegría por ellos porque entiendo lo que se siente conseguir refugio allí cuando no tienes a donde más ir. La biblioteca es además un lugar muy frecuentado por eruditos, estudiantes y profesionales.

Aunque siento pesar por las mujeres y hombres encarcelados en la prisión de Promesa, sé que Dios no se ha olvidado de ellos. Me pregunto qué les habrá pasado en su vida que llegaron a esta situación, y qué se pudo haber hecho para evitarlo. Aunque estas mujeres estén prisioneras, van frecuentemente al bosque. Probablemente ellas pasan los días y las noches en el bosque sufriendo las penas por estar encerradas lejos de sus hijos y familia y por la nostalgia del tiempo que creen haber perdido. Por experiencia sé que no hay tiempo perdido porque cada experiencia en la vida ha sido para enseñarnos algo. Una mujer puede encontrarle sentido a su vida y prosperar en cualquier "aldea" que haya sido plantada, ya sea que viva en un barrio, en un suburbio, en una prisión, en una ciudad, en un área rural o en una selva.

Durante el año, en el centro del pueblo, se realizan competencias deportivas, manifestaciones políticas, los populares festivales de música, arte, artesanías, gastronomía y cultura. Mis favoritos son: el Festival Cultural Griego donde venden los más deliciosos platillos mediterráneos y también el Festival Anual de Artesanías donde los artesanos de Promesa muestran y venden sus creativos productos. Las mujeres debemos fomentar una apreciación por la diversidad, la cultura y el arte ya que todo esto contribuye al bienestar y prosperidad de nuestras familias.

En el centro del pueblo he buscado ayuda para mis crisis emocionales, financieras, de salud, matrimoniales, familiares, escolares, legales y laborales. He pedido ayuda en el refugio de las mujeres maltratadas y en la oficina de manutención de niños; también he llamado a la policía para resolver disputas domésticas y hasta me han visitado de la agencia de abuso de menores. En una ocasión llamé al sistema de emergencia de la policía por un asunto de violencia con uno de mis maridos. Fue una gran decepción para mí. Al final de ese día, yo estaba hospedada en un hotel, porque el agresor no estaba arrestado por falta de causas y tampoco se le pidió abandonar la casa ya que no podía manejar ningún auto ni salir de la casa por estar embriagado. A los tres días, le pedí perdón a mi agresor para poder regresar a mi casa porque se me había acabado el dinero para continuar pagando el hotel. Cuando mi hijo nació, abrí un caso en la agencia de manutención de niños. Pasé el primer año de vida de mi hijo en total carencia y crisis, para obtener sus pañales y leche. Debido a la burocracia, el primer depósito del padre de mi hijo me llegó luego del primer cumpleaños de mi hijo. Todas estas situaciones incrementaron mis problemas financieros por lo que fui al centro judicial y con la ayuda de un abogado de Promesa, se aprobó mi petición de bancarrota.

> **Una mujer puede encontrarle sentido a su vida y prosperar en cualquier "aldea" que haya sido plantada, ya sea que viva en un barrio, en un suburbio, en una prisión, en una ciudad, en un área rural, o en una selva.**

Ahora entiendo que en todo ese tiempo de crisis Dios me sostuvo y me guió hasta las personas, agencias y recursos que necesité para sobrevivir.

En el centro del pueblo, he tenido reuniones en las escuelas con maestros de mis hijos, casi siempre para escuchar quejas sobre su comportamiento. Por muchos años, tuve que buscar ayuda psicológica para mi hija y asistíamos a dos terapias por semana. Creo que enfrentar las situaciones que tienen los hijos ayuda a que se conviertan en adultos saludables. Es una gran irresponsabilidad que una mujer viva ignorando, justificando o negando los problemas de comportamiento y salud mental de ella o de sus hijos en vez de buscar la ayuda, tratamiento y recursos que necesita para diagnosticar y lidiar con esa situación. Debido a la ayuda que conseguí para mi hija en el centro del pueblo, hoy es una mujer responsable e independiente.

También yo tenía mis problemas de salud que me causaban dolores en el cuerpo. Una reumatóloga me diagnosticó fibromialgia y me recetó unas pastillas. La curandera de la aldea me sugirió unas hierbas para aliviar el malestar en mi cuerpo. Yo preferí las hierbas de la curandera. Todas estas dolencias han mejorado desde que empecé mis visitas al Pozo. Soy fanática de la medicina natural, de las hierbas y ungüentos naturales.

En este centro del pueblo tuve una buena cantidad de citas románticas con hombres de los cuales no recuerdo ni su nombre ni su cara. Curiosamente sí recuerdo los restaurantes a los que me llevaron, no porque me agradó la compañía ni por las deliciosas comidas que probé sino porque en muchos de estos restaurantes me tocó pagar la cuenta. Lamento no haber invertido ese dinero y tiempo en algo mejor.

Ahora entiendo que en todo ese tiempo de crisis Dios me sostuvo y me guió hasta las personas, agencias y recursos que necesité para sobrevivir.

A pesar de lo mucho que he mejorado, todavía Dios está trabajando conmigo y con mi familia. Aceptamos que no somos perfectos y que necesitamos ayuda. No quiero que mis hijos se críen con presiones de perfección, religiosidad ni de rendimiento deportivo o académico. Quiero que sean niños normales y que aprendan a disfrutar su vida en Promesa mientras descubren sus talentos y su propósito en la vida.

Ahora les presento a una intrépida y valiente mujer de la Biblia. Su nombre es Tamar y ella fue a la salida de su aldea a buscar lo que necesitaba. Para lograrlo hizo algo muy escandaloso, lo cual podría ser una buena historia para una telenovela. También les voy a presentar un lugar del mundo digno de admirar por sus servicios sociales.

TAMAR

Lean en Génesis 38 una escandalosa historia bíblica que nos recuerda que tenemos una responsabilidad delante de Dios de cuidar y abogar por nuestras familias. Esta mujer no tuvo pena ni vergüenza de ir a la entrada de su aldea a buscar algo que necesitaba. Ella armó un plan y lo ejecutó. Defiendo a Tamar de quienes dicen que ella no es un buen ejemplo. Hay que entender su contexto cultural. Ella se cansó de la espera, se cansó de la inacción, de la dejadez, de confiar en el destino, se cansó de las promesas incumplidas y tomó la acción en sus propias manos. Por su familia, ella hizo lo necesario y salió a buscar lo que necesitaba. Con su acción se aseguró un lugar en la genealogía de Jesús. (Lean Mateo 1)

¿Harías algo fuera de lo común para asegurar
el bienestar de tu familia?

MÁS ALLÁ DE PROMESA

GINEBRA, SUIZA

Cuando mi hija era niña hacíamos viajes imaginarios. Al crecer decidió hacerlos en persona por lo que recorrió una buena parte de Europa durante una excursión veraniega. Cuando por fin regresó a la casa, solo decía que deseaba irse a vivir a Europa. No la culpo, yo tam- bién quiero ir a experimentar ese "estilo de vida". Aunque hay miles de lugares hermosos y saludables donde vivir, Suiza se destaca por su próspera economía, servicios sociales, educación, servicios de salud y calidad de vida. También es un pueblo multicultural y multilingüe. Si a esto se le añaden sus lagos, paisajes montañeses, finos quesos y deliciosos chocolates, ya sabemos por qué allá la gente vive feliz. Sus avanzados e innovadores servicios sociales son un ejemplo para el res- to del mundo, y nos deja a nosotras soñando con esos lazos sociales y oportunidades que todas deseamos tener para no sentirnos solas en la vida. Aunque no vivamos en Suiza, sé que Dios es nuestro represen- tante y Él nos va a proveer las organizaciones, las relaciones o los re- cursos que necesitemos para que nuestra familia prospere en nuestras aldeas y no tengamos que sentirnos solas nunca más.

¿Te anotarías para acompañarme en esta excursión para probar y disfrutar ricos quesos montañeses, deliciosas barras de chocolate y de paso respirar un poco de aire fresco?

PARADA #5

Conglomerado de

Iglesias El Pedregal

"Si uno de ustedes tiene cien ovejas y se da cuenta de que ha perdido una, ¿acaso no deja las otras noventa y nueve en la montaña y se va a buscar la oveja perdida?"

Mateo 18:12

UNA PROMESA DE PERDÓN
¡EN CRISTO ERES JUSTIFICADA!

Objeto que nos recuerda esta promesa: Piedras

"¿Quién puede acusar de algo malo
a los que Dios ha elegido?
¡Si Dios mismo los ha declarado inocentes!"

Romanos 8:33

*E*ste conjunto de iglesias se encuentra en la esquina de la calle El Pedregal, adyacente con la avenida Camino Sagrado. Aquí se encuentran las tres iglesias cristianas principales de la aldea las cuales comparten el mismo estacionamiento desde donde salen tres caminos de piedras hasta las puertas de las iglesias. Estas son la iglesia católica, la carismática y la evangélica. Por aquí pasan muchas personas vagando como ovejas pérdidas en busca de un pastor. Aquí ya me conocen. Creo que con algunos tengo mala fama mientras otros me aprecian sinceramente. Ellos saben que no acepto que les tiren piedras a las mujeres. Pronto conocerán la historia de una mujer a la cual Jesús salvó de una muerte a pedradas. Delante de mí a ninguno se le ocurriría alzar la mano con una piedra, contra ninguna de ustedes. Dios me envió a apoyar mujeres y Él me respalda. De esa confianza en Él, saco las fuerzas para defender a las demás mujeres. Hoy podré mostrarles las alternativas en El Pedregal, sin miedo a recibir miradas extrañas, de rechazo o de condenación. Mi propósito en traerlas aquí es que empiecen por familiarizarte con un vocabulario que tal vez es nuevo para ustedes. Estas palabras son: justificación, gracia, perdón. Sobre todo quiero que entiendan que nadie les puede tirar piedras por su pasado, porque en Cristo son justificadas.

De camino a las iglesias, se me acercaron dos participantes que llevaban un velo cubriendo sus cabezas, para decirme que algo las incomodaba. Escuché atentamente las preocupaciones de Candela y Candelaria, que son madre e hija. Candela, de 45 años, estuvo felizmente casada por más de 20 años y nunca había visitado el bosque hasta que su hija Candelaria quedó embarazada a los 19 años de un profesor casado. El esposo de Candela la abandonó, porque la culpa a ella de la desgracia de su hija. Ella pagó con doble sufrimiento las malas decisiones de su hija. Candelaria vino a Promesa desde su lejano país natal para estudiar medicina y convertirse en doctora como su padre. Me comentaron que profesan otra religión por lo cual las incomoda la idea de visitar una iglesia cristiana. Les aseguré que en la excursión no entramos a los edificios, solo visitamos los alrededores, así que no debían sentirse presionadas. Con su consentimiento, anuncié su preocupación a las demás participantes. Todas asentaron con la cabeza en señal de apoyo a estas dos mujeres que nos honran con su presencia.

Mientras llegamos al conglomerado, vamos a escuchar esta preciosa canción góspel con ritmo africano. Mi parte favorita es esta:

Anduve perdida por un camino de piedras,

vagaba errante, escondiéndome, con miedo al qué dirán.

Alguien me salió al encuentro y para mi sorpresa,

no me tiró piedras, me tomó de la mano

y me quiso ayudar.

Esta movida canción sonaba cuando, una mujer llamada Ámbar se paró en el medio del bus y comenzó a bailar sensualmente al ritmo de los tambores. Llevaba ropa ajustada, tacones y un gran escote. Con cariño tuve que indicarle a Ámbar que no debía hacer esos sensuales movimientos en esta excursión. Ella se disculpó y me dijo que a eso se dedica, a bailar en el tubo de un bar del Centro del Pueblo y que parte de la coreografía es con música de lugares exóticos. Ella nació y creció al ritmo de tambores. Las demás mujeres comenzaron a preguntarle por su vida, y nos contó lo siguiente:

—*Vivo con mi novio actual. Al menos he vivido con tres hombres sin casarme y he tenido 2 maridos. Tengo un hijo, pero se lo entregué a su padre para que lo criara. Tengo una buena relación con el padre de mi hijo, y veo a mi hijo una vez al mes. Con ese hombre me casé solamente para calificar para la ciudadanía de Promesa. Admito que creo en la brujería y soy cliente fiel de la Madama. Mi familia vive en otro continente y no saben la verdad sobre mi trabajo. Les digo que me dedico a cuidar enfermos por las noches, y que me pagan muy bien.*

A sus 45 años, tiene una cara, un pelo y un cuerpo de ensueño; no tiene ni un tatuaje ni marca alguna en su cuerpo. Es de tez morena, alta, esbelta y negro pelo rizado con destellos rubios. Tiene un aspecto angelical. Ella sabe que enloquece a los hombres y le saca partido a eso; ellos pagan para que ella los entretenga al bailar. Ella creció en una aldea pasando hambre y necesidades. Desde que llegó a Promesa se prometió a sí misma que no pasaría más necesidad.

En el Centro del Pueblo se reúnen muchas personas con diversas creencias religiosas a hacer sus ritos. Estas han llegado a la aldea desde lejanas partes del mundo, pero en su mayoría la gente aquí se denomina cristianos, aunque solo vayan a la iglesia cuando los invitan a bautismos, bodas y funerales. La iglesia católica tiene el edificio más grande y antiguo. Posee un gran campanario con estilo colonial. Recientemente, el gobierno les regaló tierras cercanas a las otras dos iglesias por lo cual sus edificios están todavía en expansión. Mientras tanto, los miembros siguen creciendo y sus servicios religiosos siempre están repletos de almas buscando un poco de paz. Debido a la competencia que hay, las iglesias despliegan carpas con información sobre sus servicios, para aumentar su membresía. Esto ocurre en la entrada del estacionamiento por donde todos los feligreses deben pasar antes de decidir por cuál de los tres caminos de piedras seguirán. No faltan por aquí los oportunistas, por lo que un poco más adelante y escondida detrás de unas frondosas plantas de rosas repletas de flores y espinas, despliega su carpa la infame y seductora vidente de la aldea. Esta es la misma Madama que tiene su puesto permanente en la botánica del Mercado La Providencia. Pero es aquí y durante los domingos donde ella llega derrochando elegancia en su carro convertible, a hacer la mayoría de sus ganancias. Ella promueve aquí los mismos servicios que ofrece en el mercado y usa la misma pancarta en ambos lugares. Muchas mujeres despechadas, engañadas, enfermas, desesperadas y supersticiosas la consultan luego de asistir a los servicios religiosos, tratando de "echarle una mano a Dios" para conseguir lo que desean y buscando una solución inmediata a los problemas que "Dios se tarda en resolver". Para contrarrestar este siniestro panorama, cada domingo se desplaza desde su guarida improvisada en las afueras del mercado, el predicador más querido y famoso de Promesa, el Fanático. Este señor llega al Pedregal muy perfumado y vestido con ropas de diseñador, pero contrario a la Madama, sus ropas son donaciones que él recibe de la gente rica de la aldea. El Fanático se posiciona justo al frente de la carpa de la Madama y desde allí con su Biblia en mano, grita a todo pulmón:

> **Muchas mujeres despechadas, engañadas, enfermas, desesperadas y supersticiosas la consultan luego de asistir a los servicios religiosos... buscando una solución inmediata a los problemas que "Dios se tarda en resolver".**

—Hermanos arrepiéntase, no sean como Manasés, ese hombre bíblico que según las Sagradas Escrituras: "Puso la imagen de un ídolo en el templo de Dios, practicó la hechicería y la brujería, y se hizo amigo de brujos y espiritistas...Su comportamiento fue tan malo, que Dios se enojó mucho." (2 Crónicas 33:6-7)

El Fanático hace lo posible por asustar a los que buscan los servicios de la Madama. Algunos se asustan y se van, a otros no les importa y cruzan desesperados a pagar, para que les digan con engaños lo que desea escuchar su corazón. Lo que mucha gente que visita este conglomerado no sabe es que, si continúan la calle El Pedregal hasta el final y no doblan en la avenida Camino Sagrado, llegarán al Pozo de la aldea. Los feligreses que saben de la existencia del Pozo salen felices de los servicios religiosos los domingos, y siguen de largo en la calle El Pedregal que desemboca en el Pozo. Esos son los cristianos que ayudan al prójimo, los que hacen labor voluntaria, los que participan de misiones y los que reciben a los nuevos feligreses con los brazos abiertos porque saben lo que Dios espera de ellos. Estos buenos hermanos representan a la mayoría de los cristianos del mundo.

En este conglomerado, todas las mujeres de Promesa deberían ser bienvenidas, pero no es fácil ser aceptada aquí con un pasado complicado. Es como si estuviéramos marcadas de por vida. Es parecido a la situación que enfrentaban los esclavos que traían de África hacia América. Aun cuando dejaban de ser esclavos, les perseguía el rechazo debido a las marcas que ponían al descubierto su vida pasada. Pregunté en las iglesias del Pedregal si ellos invitan gente al Pozo. Algunos dijeron que sí, pero otros me dijeron que eso es solo para los "hijos" de Dios, o sea, los que han hecho una profesión de fe. Me aseguraron que si algún incrédulo saca agua del Pozo, de nada le serviría. Eso me pareció injusto, porque hay mucha gente que necesita conocer de la existencia de ese lugar y sus beneficios. Seguiremos trabajando para cambiar esto en Promesa y en cualquier parte del mundo. Ya pronto sabrán por qué desde el Pozo se facilita la entrada hacia las iglesias.

"¿Y cómo voy a entenderlo,
si no hay quien me lo explique?"
Hechos 8:31

En algunas iglesias, los religiosos otorgan y niegan beneficios, bendiciones y posiciones a las mujeres dependiendo de su estado civil. Las casadas llevan la mejor parte, seguidas de las viudas y en último lugar van las mujeres sin marido, de entre las cuales llevan la peor parte las que son divorciadas. Los requisitos de vestimenta, comportamiento, etiqueta, maquillaje y color de cabello permitidos para las mujeres varían según las reglas de cada iglesia. Cada mujer debe tener la oportunidad de decidir a donde ir ya que hay muchas buenas iglesias dispuestas a recibir a mujeres con sus familias.

No es fácil ser aceptada aquí con un pasado complicado. Es como si estuviéramos marcadas de por vida.

Algunos feligreses de estas iglesias hacen como menciona el refrán: *"tiran la piedra y esconden la mano".* Son de esos que escuchan música vulgar durante toda la semana, pero el domingo cambian la radio de su automóvil a la emisora cristiana justo cuando doblan en la curva para entrar en la calle El Pedregal. Esto lo hacen con el propósito de llegar a la iglesia sonando como cristianos aunque todo sea una mentira. Esas personas son los que dan mal ejemplo y no aportan nada para lograr que la gente de Promesa se acerque a Dios.

Sentémonos en estos bancos en los alrededores de las iglesias del Pedregal. Voy a recoger dos orquídeas rosadas de esas que abundan en todo Promesa para que aprecien su belleza y de paso adorno mi cabello con ellas. Es impresionante ver como estas finas orquídeas crecen hasta entre las piedras. Quiero contarles cómo logré entrar y ser más o menos aceptada aquí. Todo esto fue planificado por Dios; yo no tengo nada que ver con el desarrollo de esta historia. Hasta yo misma me quedo asombrada de ver lo que Dios ha hecho conmigo. Aunque muchos han querido tirarme piedras, milagrosamente las retienen y nunca las tiran.

Mis vivencias en las iglesias El Pedregal

Muchos de los samaritanos que vivían
en aquel pueblo creyeron en
él por el testimonio que daba la mujer:
«Me dijo todo lo que he hecho».
Juan 4:39 (NVI)

Ya a los 6 años tenía grandes pesadillas con camaleones y no podía dormir. Tenía un familiar que creía en "trabajos". Era de tez negra como la noche, usaba collares de cuentas multicolores, tenía una sortija de indio en uno de sus dedos y olía muy raro. Paradójicamente, era muy buena persona y a mí nunca me hizo daño. Era bondadoso y fue él quien le regaló a mi abuela la única Biblia que vi en mi familia. Este señor le trajo a mi mamá una cruz hecha con hojas del árbol almácigo, la cual pusieron en la cabecera de mi cama. Según mi mamá, empecé a mejorar. Yo le atribuyo la mejoría a la medicina espesa color amarillo y que sabía a limón que me recetó un doctor para el mal de los sueños. Así pasé muchos años de mi niñez. La única experiencia espiritual que tuve de niña ocurrió durante un drama realizado el viernes de Semana Santa. Tocaron una canción de un tamborilero mientras crucificaban a un hombre. Recuerdo que lloré tanto y no sabía por qué lo habían matado. Tenía unos 7-8 años. En mi casa no se cocinaba ni se escuchaba música durante el Viernes Santo. No era por religiosidad, sino por cultura.

> **Ninguna mujer debe morir dejando secretos que afecten a otras personas.**

Crecí viendo mujeres siendo apedreadas desde diferentes ángulos, algunas de ellas siendo apedreadas incluso luego de su muerte. Muchas mujeres viven vidas miserables porque ocultan pecados que ellas llaman secretos. Opino que ninguna mujer debe morir dejando secretos que afecten a otras personas. Hasta la muerte esas mentiras nos persiguen y ya no podremos defendernos de las acusaciones, remediar el daño causado ni dar nuestra versión. Si alguna de ustedes es esclava de un secreto, no tenga miedo y busque ayuda para resolver responsablemente ese asunto.

"Así que no les tengan miedo;
porque no hay nada encubierto
que no llegue a revelarse, ni nada escondido
que no llegue a conocerse."
Mateo 10:26 (NVI)

Durante 39 años y medio, solo iba ocasionalmente a la iglesia católica de El Pedregal. Estudié en una escuela de monjas, pero no estudiamos la Biblia allí, solo estudiamos enormes libros de reglas, ritos y mandamientos. Nunca aprendí a tener una relación con Dios ni tampoco tenía temor de Dios. Más le temía a mi mamá que al propio Dios. Durante mi adolescencia asistí a múltiples retiros espirituales. En las clausuras de los retiros, te obligaban a pararte a pedir perdón a los padres. En mi rebeldía, yo veía eso como una falta de respeto y pensaba: *¿Qué tal los padres pidiéndole perdón a sus hijos?*. A pesar de todo, considero a los católicos como mis hermanos cristianos. Son más las similitudes que las diferencias que nos separan. Es por esta razón que evito a toda costa hablar o discutir de diferentes doctrinas y dirijo hacia la Biblia a cualquier persona que quiera debatir conmigo sobre asuntos religiosos. Mi interés es que las mujeres sepan donde pueden conseguir a Dios. Me inspira la historia de servicio y liderazgo de Madre Teresa de Calcuta. Mi frase favorita de ella es:

"Yo soy el lápiz de Dios.
Un trozo de lápiz con el cual
Él escribe aquello que quiere".

Madre Teresa de Calcuta

Luego de quedar embarazada y sola, quedé atada por varios años en la Cueva de las Cadenas. En mi desesperación, comencé a ver programas cristianos en la televisión y allí mencionaron un ayuno. Entendí que eso era como dejar de comer para purificarme, y lo hice. Estuve un día entero solo bebiendo agua mientras cocinaba para mis hijos y hacía las tareas del hogar. Luego del ayuno mi vida empezó a cambiar repentinamente. Aunque no sabía bien lo que había hecho, siempre supe que algo poderoso se desató en mí. Sentí como si las cadenas que me mantenían atada a la cueva del bosque hubieran sido cortadas. El camino se despejó. Dios finalmente oyó mi clamor. A menos de un mes de ese ayuno, fui invitada por un hombre a visitar su iglesia. Creo que Dios supo que yo estaba preparada para rescatarme y me envió el instrumento humano para abrirme paso en El Pedregal. Dios sabía de mis intentos fallidos y de mi interés en seguirlo mucho más de cerca. Al ser invitada por primera vez a una iglesia evangélica, rápidamente me compré un traje decente, porque me advirtieron que solo podía usar traje modesto y no pantalón. También me compré, por primera vez, una preciosa Biblia.

> **Desechen, cancelen, rechacen e ignoren toda palabra que las quiera mantener atada a las cadenas de la culpa, la condenación y el rechazo.**

La escogí de estudio porque tenía gráficas y mapas. Con la Biblia en la mano, me presenté en la iglesia evangélica El Pedregal aquel domingo de junio según lo acordado. Esta vez fue diferente. Me trataron muy bien, pues fui escoltada hasta el interior de la iglesia por un miembro de ahí, así que, aunque me miraban con rareza por ser visita y por tener un color de piel diferente a la gente de allí, nadie pudo impedirme la entrada. Me sentí bien allí y regresé. Aprendí un nuevo vocabulario: hermana, salvación, gracia, sierva, pastor. Aún sigo aprendiendo, mientras enseño a otras mujeres.

Anteriormente en dos ocasiones diferentes, desesperadamente y en mis esporádicas visitas al Pozo, traté de bajar por la calle El Pedregal hacia la iglesia evangélica donde yo veía a la gente feliz, bien vestida y con unos libros gruesos en la mano. Para mi sorpresa, cuando traté de llegar en dos ocasiones a la iglesia, me impidieron la entrada. Digamos que me sacaron rápidamente y a pedradas. En el primer intento duré 10 minutos dentro de la iglesia y en el segundo ni llegué a sentarme.

Adonde único podía entrar era a una de las iglesias. Poca gente me hablaba, solamente saludaban cuando unían sus manos en señal de paz. Ahora vengo gozosa dos veces por semana a la iglesia evangélica en donde tengo una comunidad de fe que me ayuda a no sentirme sola. Algunos insisten en recordarme que soy una cristiana nueva, ya que ellos llevan décadas en la iglesia. Tal vez creen que la salvación es por turnos, del primero que llegó a la iglesia, o del primero que lo aceptó en su corazón. Dios no escoge a su gente por turnos, pero decide a quienes pone a trabajar en su obra según el estado de su corazón y la disposición del mismo. Empecé a leer la Biblia con un afán que jamás había tenido. En la Biblia encontré las respuestas que ningún otro libro me había dado. En vez de culparme, me liberó y me sanó. La verdad me hizo libre. Mientras más leía, más me gustaba. Y desde que comencé a pintar y decorar mi Biblia, esto se ha tornado en una pasión, entretenimiento y terapia para mí.

Durante años busqué algún remedio que me aliviara las penas del alma. Traté sin éxito: infusiones, ungüentos, pastillas y rituales. Buscaba algún remedio que:

- Curara el "mal de amores"
- Sanara la melancolía
- Neutralizara la rabia
- Aminorara el dolor de pecho
- Produjera amnesia para olvidarme de mentiras
- Redujera la presión arterial
- Calmara el fuego de los celos
- Borrara insomnio en noches de soledad
- Prosperara mi miserable existencia

Nunca nada funcionó. Seguía tratando de buscar algo que me faltaba y lo encontré en la Biblia. Por eso sé que no hay ningún otro remedio para la sanación del alma; todo lo demás es complementario y opcional. Recomiendo a las mujeres que deben buscar opciones, visitar diferentes iglesias hasta encontrar donde sientan que son edificadas. Nuestra relación con Dios no debe ser guiada por la cultura o por lo que nuestra familia cree. Cada mujer debe moverse a donde le ofrezcan lo que verdaderamente la Biblia ofrece: vida nueva, gracia y perdón. Aceptar menos de eso es condenarse a sí misma sin razón alguna. Es como decir: *"Sí, me encanta que me tiren piedras, y aquí me quedo para que me las tiren".* Ustedes no están encadenadas a la iglesia a dónde van ahora y si están incomodas o desean una mejor relación con Dios, deben explorar opciones. Busquen alternativas en el Conglomerado de Iglesias. Aquí te presento tres, pero hay muchas otras iglesias cristianas de las cuales puedes escoger. Lo importante es que te unas a alguna comunidad cristiana de fe.

> **Por eso sé que no hay ningún otro remedio para la sanación del alma; todo lo demás es complementario y opcional.**

En Promesa me he dedicado a ganarme la confianza de todos los sectores religiosos. Visito todas las carpas de promoción que despliegan los domingos en las afueras de las iglesias con el objetivo de tener amistad con toda la gente de El Pedregal. La única carpa que no visito es la de la Madama, aunque siempre la saludo cuando me la encuentro por la aldea. Un día de estos la invitaré a esta excursión. Tal vez ella acepte. Hago una excepción de que, aunque hay líderes de iglesias que hacen lo posible por evitar la condenación a aquellos que han fallado, siempre existe la posibilidad de que alguien trate de recordarles un pasado doloroso o sembrar un sentimiento de culpa en ustedes. No permitan que nadie trate de abrir una herida que ya Dios sanó y selló con su perdón y amor. Luego de que encuentres una comunidad de fe que te apoye y te acepte sabrás que no tienes porqué sentirte sola. Gran parte de la soledad que sufrí en mi vida fue por no tener el apoyo emocional y espiritual que necesitaba. Ahora que estoy entre personas que me edifican y apoyan lamento no haber experimentado esto antes. Quiero que sepan que Dios les ofrece la gracia y las justifica, sin importar ni tomar en cuenta nada de su pasado. Desechen, cancelen, rechacen e ignoren toda palabra que las quiera mantener atada a las cadenas de la culpa, la condenación y el rechazo. Mantengan altas sus expectativas. Pronto llegaremos al Pozo. Les adelanto que allí serán aceptadas sin condiciones. Todo lo que les conté aquí les parecerá poco cuando lean lo que Jesús hizo personalmente por una mujer que tenía asegurada una muerte a pedradas. Es increíble lo que Dios hace por las mujeres imperfectas como nosotras.

LA MUJER ADÚLTERA

Sé que han escuchado esta frase que dijo Jesús y que quedó registrada en Juan 7: *"El que no tenga pecado que tire la primera piedra".* Él dijo esto para defender y proteger a una mujer adúltera. Ella es un excelente ejemplo de que Dios acepta mujeres pecadoras arrepentidas y que les da oportunidades y las deja comenzar de nuevo. Jesús libró y defendió a esta mujer de una muerte a pedradas. Esta era la forma de castigar a una mujer por haber sido sorprendida en el mismo acto de adulterio. Ella fue una de las muchas mujeres que Jesús defendió y su historia tiene un significado especial para todas aquellas mujeres que se sienten juzgadas, criticadas y calumniadas. Aquí vemos la misericordia de Dios con una mujer imperfecta. Es un alivio saber que Dios nos da nuevas oportunidades sin importar el tipo de pasado que hemos tenido. Empieza a llamar tu pasado "mi exvida" porque Dios te quiere regalar una vida completamente plena y nueva.

¿Te atreves a empezar una nueva vida?

JERUSALÉN, ISRAEL

Ningún pedazo de tierra en el mundo es más amado y disputado que este. Tres religiones monoteístas del mundo reconocen a Jerusalén como una tierra sagrada. Los cristianos le llaman Tierra Santa; los judíos, la Tierra Prometida; y los musulmanes veneran allí varios lugares sagrados. En Jerusalén vemos reflejadas las mismas contiendas, controversias, diferencias y reclamos religiosos que tenemos en Promesa, y probablemente en tu aldea también. Lo importante es aprender a vivir con tolerancia y respeto. Sueño con visitar estas tierras bíblicas y caminar por las mismas aldeas que Jesús recorrió. Estoy segura de que en esas aldeas lejanas también encontraré las 6 promesas de Dios para mi vida. Ir allá sería como vivir un libro, la Biblia. Mientras tanto, estoy en Promesa, desde donde sigo trabajando, para que las mujeres sepan que Dios las ama, las justifica y las perdona, evitando a toda costa la controversia, las contiendas, las diferencias y los reclamos.

¿Me quieres acompañar en esta excursión
para caminar por aldeas polvorientas y llenas
de piedras las cuales ya nadie podrá tirarnos?

PARADA #6

Jardín Botánico

El Semillero

*"Lloran al ir sembrando sus semillas,
pero regresan cantando
cuando traen la cosecha".*
Salmos 126:6 (NTV)

UNA PROMESA DE FE
¡MIRA CONFIADA EL PORVENIR!

Objeto que nos recuerda esta promesa: Semillas

"Se reviste de fuerza y dignidad,

y afronta segura el porvenir".

Proverbios 31:25 (NVI)

Ahora nos dirigimos al sitio más fino y elegante de Promesa, el Jardín Botánico El Semillero. En el camino escucharemos una bella y dulce melodía al ritmo de *bellydance* en honor a las palmas datileras originarias del Medio Oriente las cuales nos darán la bienvenida al jardín. Un estribillo que me refresca el alma es el siguiente:

> *Dormí, inerte, improductiva por muchos años,*
>
> *me preguntaba si ese iba a ser mi destino.*
>
> *Un día, cayó más lluvia de lo usual.*
>
> *Desperté, germiné, prosperé y florecí.*
>
> *¡Jamás me rendiré!*

Aquí todo es lindo y se respira bienestar. Este es el sitio más productivo de toda Promesa. El jardín está ubicado en la calle El Semillero que está adyacente con la avenida Camino Sagrado. Se respira un ambiente natural, limpio, fresco y próspero. Aquí verán otra manera de vivir y mirarán confiadas el porvenir. Espero que entiendan que, si hay sitios tan lindos como este en Promesa, no tienen nada que buscar en el bosque. Me encanta visitar el jardín, pero me chocan las etiquetas sociales que se ven en este lugar. Aquí no hay racismo, pero hay segregación de varios tipos. Solo basta con observar quién va con quién, pero esas son acciones pasivas. Todo el mundo pretende que aquí no pasa nada. Para balancear el nivel económico y demográfico la entrada es gratis, pero tienen un código de etiqueta y reglas de comportamiento. Aun así, me siento muy orgullosa de nuestro jardín y disfruto cada minuto que paso aquí.

Al llegar a esta área, una delgada y bella mujer de cabello corto rojizo llamada Margarita, se quitó por fin sus oscuras gafas de sol. Pudimos ver sus ojos azules y una que otra arruga, nada mal para sus 62 años. Nos contó que por nada del mundo ella dejaría que la vieran en el mercado o caminando por El Pedregal. Ella tiene una imagen que cuidar. Lo ha hecho desde niña. Nació rica en una familia de mercaderes de perfumes quienes emigraron del Mediterráneo. Ella se dedica a manejar las empresas familiares. Nos dijo los siguiente sobre su vida:

–Nunca quise tener hijos. Mi exesposo me abandonó por una mujer más rica que yo. No me quiero volver a casar. Quiero disfrutar la vida.

Margarita no acepta que su nuevo lugar es el bosque y no el jardín. Aunque nos confesó que batalla con problemas de adicción a las pastillas narcóticas, ella sigue cuidando sus apariencias. Jamás se rendirá ante la adversidad, aunque eso signifique que continúe siendo frívola y superficial. Aquí en el jardín está en su ambiente, se le subieron los ánimos al llegar aquí. Ella conoce bien este lugar.

Vamos a recorrer este bello jardín mientras les hablo de las etiquetas sociales y culturales por aquí. Disfruten la entrada la cual está flanqueada por 6 palmas datileras repletas de semillas y frutos (Phoenix Dactylifera). Hay tres de estas imponentes palmas a cada lado de la entrada. Cada una mide entre 12-15 metros de altura. Algunos visitantes esperan parados pacientemente a ver si caen algunos dátiles, que son muy sabrosos y nutritivos. En el restaurante del jardín usan estos dátiles maduros en el menú de temporada. Los preparados más famosos son el de dátiles envueltos en tocino y el helado de dátil. Debido a la abundancia de estos frutos, también se preparan y se venden al público mermeladas de dátiles.

Una semilla de esta planta, según expertos, germinó luego de estar enterrada aproximadamente 2000 años. Fue encontrada en un país llamado Israel durante unas excavaciones arqueológicas. Cuando la sembraron en tierra fértil, germinó a pesar de la larga temporada que pasó incubada, adormecida y estática. Por ser las datileras un ejemplo de superación, en la entrada del jardín y bajo la sombra de las datileras, hay un gran rótulo que lee:

> **Cuando la sembraron en tierra fértil, germinó a pesar de la larga temporada que pasó incubada, adormecida y estática.**

"Jamás te rindas. Sé como la datilera"

En el jardín todas las veredas están alumbradas, rotuladas y hechas en concreto armado. La gente puede relajarse, leer, correr, pasear, caminar y correr bicicleta por aquí. Hay abundancia de bancos para sentarse bajo los árboles. La gente viene de paseo, a ejercitarse, a leer o a relajarse. Cada cual parece estar en su propio mundo. Este lugar es todo lo contrario al bosque. En rótulos de metal, las plantas tienen su nombre común, científico y sus usos comunes. Aquí en el Jardín sobran los voluntarios pues todo el mundo quiere ayudar donde todo es bonito, fácil, y donde hay rótulos.

Para entrar al jardín hay que cruzar por el edificio principal que consiste de una estructura muy moderna de dos pisos, con amplios ventanales y múltiples balcones, desde donde se aprecia la belleza del jardín. Fuera del edificio hay unas estructuras de metal conectadas a la pared, en donde se enredan múltiples plantas de orquídeas de vainilla. Es todo un espectáculo ver estas preciosas flores y sus semillas colgando de las plantas. En el área del herbolario hay gran cantidad de hierbas comunes, medicinales y exóticas como el aloe, romero, cebollines verdes, lavanda, cilantro, comino, mejorana, ruda, salvia, estragón, menta, ruda, perejil, camomila, tomillo, azafrán, cebollas egipcias, orégano y recao. También tienen plantas de té verde, jengibre y cúrcuma. Las personas toman algunas hierbas para llevar a sus casas ya que son carísimas en el mercado y aquí hay una abundancia extrema. Parece que mientras más espigas les arrancan más le salen.

No hay racismo, pero hay segregación de varios tipos. Solo basta con observar quién va con quién.

Se destacan el área de los rosales y el jardín de las mariposas en donde abundan las margaritas, girasoles, perejil, amapolas, camomila, lavanda, salvia, jacinto, tulipanes, lirios e iris. A través de todo el jardín al igual que en el resto de Promesa, hay una gran cantidad de orquídeas rosadas. Tal parece que esas orquídeas crecen y florecen en cualquier ambiente. Hay un jardín comunitario, que se mantiene con la generosidad de donantes en coordinación con el Departamento de Niños con necesidades especiales. Estos niños junto con sus maestros y padres, se encargan de cuidar el jardín. Esto tiene un efecto terapéutico en los niños mientras que aprenden destrezas para la vida. Lo que produce el jardín, se les regala a las familias de los niños. Aquí se cosechan pepinos, melón, cebolla, fresas, arándanos, papas, ajos, lechugas, pimientos, tomates, zanahorias, piñas, entre otras frutas y vegetales.

En la parte de abajo del edificio hay un restaurante y una tienda. Tiene una variedad de salones que se rentan para actividades privadas. En la segunda planta del edificio se encuentra el Museo Botánico de Promesa, que alberga una imponente colección de semillas y hojas de los alrededores de esta bella tierra. Quiero que conozcan a "La Coleccionista de Semillas". Ella es una mujer fina y estilizada que se dedica a coordinar los intercambios de semillas, las excursiones del jardín, las subastas de semillas y la recaudación de fondos del jardín. Las subastas de semillas se hacen dos veces al año. Las personas donan sus semillas más exóticas y raras, y el museo hace una gala de recaudación de fondos donde las venden a precios exorbitantes.

La caminata *Sanación Ecológica* es muy popular en el jardín. En esta caminata de forrajeo te llevan al borde del bosque con el jardín. Gracias al Muro de la Desesperación que divide el jardín del bosque, no hay peligro de que la gente se adentre y se pierda en el bosque. Durante el trayecto se aprende a identificar plantas silvestres, nueces, hierbas, flores y frutos que se pueden comer o usar como medicina en caso de una escasez de comida o emergencia. Digamos que los participantes ven la mejor parte del bosque. Ellos llegan a creer que el verdadero bosque es así de cómodo. Es como cuando visitas una ciudad, pero solo te pasean por los sitios lindos y menos peligrosos. Nunca llegas a ver la realidad, a no ser que te adentres adonde vive la gente local. Las mujeres que han sido obligadas a visitar el bosque se divierten cuando ven a las mujeres felices de la aldea ir a la excursión de forrajeo. Las que han hecho del bosque su segunda casa, le podrían dar una excursión real por el verdadero bosque. Las mujeres que están atravesando algún proceso difícil, o las que no tienen esposos y aquellas que son infelizmente casadas jamás se anotan en esas excursiones. La realidad es que ellas frecuentan el verdadero bosque y ni de broma tomarían una excursión para aprender a identificar plantas que ellas conocen muy bien.

Hay un área exclusiva para miembros solamente, donde hacen galas y reuniones de negocio. En su mayoría son mujeres casadas, a quienes se les escucha alardear de cuán fabulosos son sus esposos y de su estilo de vida. Este tipo de gente claramente nunca ha tenido que adentrarse al bosque debido a una crisis de salud, de trabajo o de divorcio. Creen que son infalibles y que la desgracia jamás los va a tocar. Por lo general, en Promesa las mujeres se unen en grupos de mujeres de su mismo estado civil. Rara vez he visto una de esas mujeres estables y felices ofrecerle o aceptar la compañía de algunas de las mujeres con pasados complicados o en crisis de la aldea. Sus conversaciones son como competencias a ver quién tiene, ha hecho o va a hacer más. Muchas de ellas no entienden ni aceptan a las mujeres del bosque. Aún después de estar fuera del bosque, siempre murmuran a sus espaldas, recordando a los demás que *"esa era una de las mujeres del bosque".* Mucho se habla de la segregación racial, pero creo que, en Promesa, hay más segregación por estado civil y por nivel económico que por el color de la piel. Esto contribuye a que las mujeres sin marido de la aldea sientan desprecio, soledad, rechazo, aislamiento y vergüenza. Muchas, yo incluida, pueden dar testimonio de que luego de quedar sin marido fueron tratadas de diferente forma por las mismas personas y en los mismos lugares que antes frecuentaban. Como si cambiar de estado civil y quedarse sin marido nos convirtiera de la noche a la mañana en una amenaza, competencia o villana capaz de quitarle el marido a otra. Es apropiado señalar que no todas las mujeres sin marido están buscando su próximo marido. Deseo que las mujeres sin marido exijan respeto, que se apoyen entre ellas y que aprendan una mejor manera de vivir para que no se sientan solas, diferentes o menos que las mujeres que tienen pareja.

En el primer piso del edificio del jardín, hay una tienda donde se venden semillas, flores frescas, joyería, carteras, libros, ropa, bebidas y artículos de decoración. Los dos productos más vendidos y solicitados en el jardín son: el jabón Borrón y Cuenta Nueva y las Bolitas Primeros Frutos. Pronto tendrán un tiempo libre para comprar lo que deseen. Vamos ahora a cenar en el Restaurante El Semillero el cual está incrustado en la naturaleza del jardín. Desde el edifico principal traen la exquisita comida para servirla bajo las sombras de las florecidas enredaderas, rodeados de la vegetación y acompañadas de uno que otro pájaro o animal silvestre.

**No comparto esa
mala costumbre de
aceptar a las personas
por su condición
económica o social.
Soy partidaria
de la igualdad.**

**Deseo que las mujeres sin marido exijan respeto,
se apoyen entre ellas y que aprendan una
mejor manera de vivir para que no se sientan
solas, diferentes o menos que las mujeres
que tienen pareja.**

Jabón Borrón y Cuenta Nueva

"Mi mensajero…es como el jabón que limpia la mugre".
Malaquías 3:2

Este refrescante y aromático jabón contiene una mezcla que te puede limpiar la mugre del cuerpo y del alma. El único requisito es que además de bañarte con él, cambies de estilo de vida, y decidas dejar atrás toda la suciedad del pasado y permanecer limpia de ahora en adelante. En este jabón encontrarás un recordatorio de las 6 Promesas. Contiene una mezcla de:

- Aloe vera (hojas verdes)
- Aceite de coco y harina de avena (harina y aceite)
- Arcilla de kaolina (metal)
- Proteína de avena (soga, fibra)
- Sal de mar (piedra)
- Aceite esencial de semillas de lavanda (semillas)

Bolitas Primeros Frutos

"Honra al Señor con tus riquezas
y con los primeros frutos de tus cosechas".
Proverbios 3:9 (NVI)

Estas mini bolitas fritas de harina de maíz son tan sabrosas como fragantes y nutritivas. Contienen una buena cantidad de nutrientes, proteína, energía, fibra y aroma de especias exóticas. Dentro de estas sabrosas bolitas podrás degustar un recordatorio de las 6 Promesas a la vez que meditas en la abundante cosecha que Dios está preparando para ti. Estas bolitas se venden en la tienda del jardín, y son ideales para compartir. Saben aún mejor con miel y acompañadas de un delicioso café. En el jardín venden semillas de café para moler y colar que tienen el sello de Comercio Justo (*Fair Trade*). También sirven café local de las afueras de Promesa y café exportado desde aldeas muy lejanas.

Bolitas Primeros Frutos

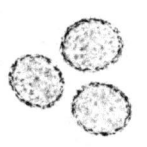

INGREDIENTES	PROCEDIMIENTO
1 taza de harina de maíz (*harina*)	-En una cacerola pequeña, une todos los ingredientes excepto las especias, la vainilla y las semillas de chía.
2 cucharadas extra de harina de maíz (se usan al final del procedimiento)	-Revuelve constantemente a fuego mediano por aproximadamente 2-3 minutos hasta que la mezcla empiece a burbujear y a separarse de los lados de la cacerola.
2 tazas de agua	
2 cucharadas de azúcar	-Retira del calor y coloca la mezcla rápidamente en otro recipiente. Añade la vainilla, las especias y las semillas de chía.
½ cucharadita de sal (*piedra*)	
½ cucharadita de aceite vegetal (*aceite*)	-Añade también las dos cucharadas extras de harina de maíz. Revuelve.
1 cucharada de vainilla	-Deja enfriar a temperatura ambiente unos minutos, hasta que puedas tolerar el calor al manejar la mezcla con las manos.
1 cucharada de avena (*soga/fibra*)	
1 cucharada de semillas de chía (*semillas*)	-Haz bolitas de 1/2", amasándolas y revolviéndolas entre las palmas de sus manos.
Pizca de té verde (*hojas verdes*)	
Pizca de especias molidas de canela y clavos *(metal)*	-Puedes freírlas al instante o congelarlas en una bolsa hasta que desees consumirlas.
Aceite para freír	-Fríelas en aceite vegetal de ¼" de profundidad, a temperatura media, hasta que doren por ambos lados.
	-También las puedes hornear por 20 minutos a 350 grados F.
En las ingredientes de las dos recetas encontrarás los objetos que nos recuerdan las 6 Promesas	-Colócalas sobre papel absorbente.
	-Luego sírvelas solas o con miel.
	- ¡Compártelas!

Mis vivencias en el Jardín Botánico

"Ya mi enojo se ha calmado.
Ahora voy a mostrarles cuánto los amo
y no volverán a ser rebeldes.
Haré que prosperen".
Oseas 14:4-6

Mientras probamos las deliciosas y calientitas Bolitas Primeros Frutos como aperitivo, les quiero contar como ha sido mi vida desde que frecuento el jardín. Pronto nos traerán la cena que consiste en dátiles envueltos en tocino y vegetales cosechados en el jardín. Yo también llegué a este precioso jardín con mi colección de semillas. En su mayoría eran semillas que producían comida o efectos curativos. No tenía muchas semillas de flores, ya que siempre había vivido en modo de sobrevivencia. Yo no tenía tiempo de oler ni de apreciar las flores. Aquí he participado en numerosos intercambios de semillas. Es una forma de intercambiar sabiduría, esfuerzo y esperanza. Es un principio sencillo; si alguien tiene alguna semilla que me hace falta o deseo, le doy a cambio una semilla de mi colección que le interese a la otra persona. A veces no es posible tenerlo todo en la vida, pero podemos compartir lo que tenemos.

Cuando comencé a frecuentar el jardín, me di cuenta de que era capaz de reconocer muchas de las semillas y de las hojas en el museo. Ese entrenamiento lo recibí gratuitamente en el bosque y se llama experiencia. En el bosque no crecen rosas perfumadas ni tulipanes. Por eso, las mujeres que frecuentan el bosque carecen de semillas florales. Muchas de las mujeres con las que me relaciono aquí tienen extensas colecciones de semillas de flores exóticas y fragantes. Ellas han tenido una vida fácil y la oportunidad de disfrutar su colección de semillas. Las mías son el resultado de la vida difícil que me tocó vivir, pero que me ha dejado con una extensa experiencia con semillas capaces de producir alimentos, curas y materia prima en caso de una emergencia. Algunas de estas también producen flores como por ejemplo, la flor de lavanda. Vengo a oler flores al jardín, pero por ratos pensé que había perdido el sentido del olfato. Siempre estuve por aquí sola y con mis hijos en algunas ocasiones. En el pasado, hacía viajes esporádicos al jardín y luego ingresaba al bosque, y no regresaba al jardín por meses o años. Ahora que no voy más al bosque, tengo más tiempo para estar aquí, ejercitarme, leer al aire libre y ver a mis hijos divertirse. Estoy tratando de recuperar el tiempo que estuve con mis sentidos adormecidos. No pierdo la oportunidad de comprar algo de las muchas cosas hermosas que venden en el jardín. Por años, solo podía comprar cosas en el mercado, específicamente comida para mí y para mis hijos. Se siente bien hacer algo por mí misma. Disfruto ocasionalmente de no tener que cocinar y comer en el restaurante del jardín, el cual es muy exclusivo. El menú es fresco y basado en la cosecha local. Por esta razón es sorpresa lo que tienen para ofrecer.

Nunca fui aceptada en el jardín, pero igual yo continuaba visitándolo. Ahora tengo mi propio grupo de amigas, las cuales entienden y aceptan mi pasado. Ya no me siento sola. Y aunque ahora, que mi vida mejoró, me quieren aceptar en el grupo de las mujeres del jardín, yo no quiero pertenecer a un grupo que nunca me aceptó ni me apoyó cuando más lo necesitaba. No es que les guarde rencor, es que no comparto esa mala costumbre de aceptar a las personas basado en su estado civil, económico o social. Soy partidaria de la igualdad. Nada ha cambiado en mí. Por eso sigo de amigas con las mujeres de la aldea: las marginadas, criticadas e incomprendidas. Ellas me cuentan sus penas calladamente y yo aprovecho para explicarles cómo escaparse del bosque y permanecer fuera del mismo. Aunque nada cambie en sus vidas, si ellas cambian, no habrá nada ni nadie que las coloque otra vez en el bosque. También les enseño cómo comportarse en el jardín, y qué esperar para que puedan oler las flores y mantenerse sin problemas. Tengo varias amigas en este lugar. Las puedo contar con una mano y me sobran los dedos. Ellas siempre me aceptaron y fueron buenas conmigo. Aunque no me veían por largo tiempo, cuando regresaba al jardín me decían que me habían extrañado y que les daba gusto verme de vuelta. He visto muchas mujeres que frecuentaban aquí y ya no están. Esas han sido forzadas a entrar al bosque. Algunas de ellas, se pasearon cómodamente por aquí durante muchos años y hasta por décadas. De pronto cayeron en el mismo bosque donde la gente feliz, elegante y adinerada cree que solo van las ignorantes, las pobres, las jóvenes y las #locas de la aldea.

Comparo a las mujeres con flores; algunas de ellas son fuertes y sobreviven con poca agua mientras otras requieren de mucho mantenimiento y dependen de grandes cantidades de agua. Ninguna mujer sabrá lo que es capaz de sobrevivir hasta que sea forzada a vivir con poco. Entonces, al igual que hacen las flores, tendrá que adaptarse o rendirse. Exactamente esto sucede con las mujeres que un día fueron felizmente casadas y de pronto se convierten en mujeres sin marido. Cada mujer decide si se adapta o si se rinde. Mientras se resistan a adaptarse, permanecerán en el bosque. Cuando deciden adaptarse a su nueva vida, podrán regresar por este bello jardín. Desde aquí, diviso mujeres al otro lado del muro intentando brincar el Muro de la Desesperación y tratando de ir en contra de las manecillas del reloj. Ellas son las que no desean adaptarse a su nueva vida. Tal vez mañana las invite a unirse a esta excursión. Son mujeres que hacen cualquier cosa por encontrar el camino de regreso al jardín, de donde ellas creen que nunca debieron ser removidas. La única forma de brincar del bosque al jardín es por pura intervención divina. Conozco mujeres a las que Dios ayudó de manera especial, y milagrosamente las pasó del bosque al jardín. Algunas reconocen que Dios las ayudó. Las altaneras reclaman toda la gloria. Esas, sin duda alguna, necesitan regresar al bosque a tomar clases de humildad y agradecimiento. Algunas fueron forzadas a vivir largos periodos en el bosque, hasta que aprendieron lecciones que harían que jamás regresaran por allí. Mientras más rápido sales del bosque, más rápido regresas, pues le pierdes el respeto. Antes de visitar este jardín por primera vez, hice incontables visitas al bosque. Puedo decir las veces que estuve fuera, pero no puedo precisar cuántas veces estuve adentro del bosque.

> **De pronto cayeron en el mismo bosque donde la gente feliz, elegante y adinerada cree que solo van las ignorantes, las pobres, las jóvenes y las #locas de la aldea.**

Me considero una datilera, no importa el tiempo que pasé adormecida e incubada, cuando Dios me llevó a tierra fértil, germiné y desde entonces no he dejado de florecer y de dar frutos. Ahora que produzco frutos, mucha gente se lo atribuye a la suerte. Yo tengo claro que la suerte no existe. Lo que sí existen son los propósitos de Dios para nuestras vidas. Actualmente, algunas personas me tratan diferente, porque reconocen lo que Dios ha hecho en mi vida. Otros, en cambio, me siguen mirando con desprecio como si todavía yo no tuviera derecho de visitar este precioso lugar. Ando con mucho cuidado en el jardín. No es que no disfrute mi estadía aquí, pero sé que la vida se compone de situaciones que alteran la vida de las personas. Espero continuar recogiendo semillas y que mi colección siga creciendo. Haré todo lo posible por atraer más mujeres sin marido de la aldea al jardín quienes también tienen derecho a oler las flores. Las exhorto a conocer una mejor manera de vivir para que ustedes y sus hijos también puedan disfrutar lo bonito de la vida y recoger los frutos que Dios ya les tiene reservados. No se olviden de conservar sus semillas y de conseguirle tierra fértil. Tan pronto puedan comiencen a sembrar sin miedo alguno, sabiendo que Dios estará apoyándolas, porque está muy claro que Dios no desampara mujeres sin marido. Tengo la certeza de que las mujeres sin marido son como esas plantas de orquídeas que prosperan y se multiplican aunque sea con unas pocas de gotas de agua. Cada gota de agua cuenta y pudiera ser la clave que necesitamos para salir adelante en la vida. Por eso es importante reconocer, aceptar, desarrollar y cuidar las gotas limpias que nutren nuestras vidas mientras tiramos las gotas sucias que no aportan nada en nuestras vidas.

Antes de partir del jardín quiero contarles sobre Rut, una mujer bíblica que tuvo una segunda oportunidad y una abundante cosecha. También les presentaré un jardín botánico muy productivo.

RUT
RUT 1-4

Lean los 4 capítulos del precioso libro bíblico de Rut, el cual es beneficioso para cualquier mujer de cualquier estado civil, pero especialmente para las que están *Esperando al que no llega.* (Lean este blog en nuestro sitio de internet). Esta bella historia de la Biblia nos relata la historia de una mujer viuda, pobre y sencilla que decide dejar su propia cultura y costumbres, para emigrar con la madre de su difunto esposo a una tierra extraña. Ella aceptó al Dios de Israel y dejó de adorar a varios dioses como era costumbre en su cultura. En su nueva tierra, ella trabajaba humildemente recogiendo cebada en un campo, y recogía las sobras que dejaban los trabajadores, para sustentarse ella y su suegra. Su buena fama llegó a oídos del dueño del campo donde ella recogía espigas. El hombre, llamado Booz, se interesó por ella. Noemí, quien era la suegra de Rut, le dio buenos consejos para conquistarlo. Este hombre se enamoró de Rut, se casó con ella y tuvieron un hijo. Cabe señalar que para él llegar a casarse con Rut tuvo que ir a hablar con un hombre que tenía prioridad para casarse con ella según las reglas culturales de aquella época. Que alegría debió haber sentido Booz cuando este señor, cuyo nombre no se menciona en la Biblia, decidió que casarse con Rut no era en su mejor interés. Definitivamente, Dios tenía un plan para que Rut y Booz pudieran casarse y tener un hijo. Con esta descendencia se aseguraron un lugar en la genealogía de Jesús. (Lea Mateo 1)

¿Desearías tener una segunda oportunidad en la vida, un nuevo comienzo?

REAL JARDÍN BOTÁNICO DE KEW, LONDRES, INGLATERRA

Amo la jardinería, las plantas y el bienestar asociado con ellas. Disfruto de nuestro Jardín Botánico El Semillero. Pero también tengo la mirada en el jardín botánico más grande del mundo, el cual alberga una impresionante colección de plantas. Imagínate que en un solo lugar puedas apreciar plantas de todos los continentes del mundo. Deseo visitar este jardín donde de antemano sé que se respira prosperidad y esperanza. Allá germinan semillas, aunque estén muy lejos de su país de origen. Me recuerda que así somos nosotras. No importa adonde la vida nos lleve, allí llegaremos con nuestras semillas y con la mejor disposición de proveerles el mejor ambiente para que germinen y se desarrollen. Desde cualquier lugar del mundo a donde Dios nos lleve, con nuestras semillas en mano, miraremos confiadas el porvenir dispuestas a comenzar a sembrar una vez más.

¿Deseas acompañarme a visitar estos bellos jardines?

DESVÍO PARA DESECHAR LAS GOTAS SUCIAS

¡Llegó la hora de tomar una decisión!

"De un mismo pozo no puede salir

agua dulce y agua amarga o salada".

Santiago 3:11

*H*aremos un rápido desvío al maloliente Vertedero El Desecho. Debemos deshacernos de las gotas sucias que hemos recogido antes de llegar al Pozo. Iremos a realizar este proceso al acorde de la emocionante y dramática música celta. La estrofa más dramática dice así:

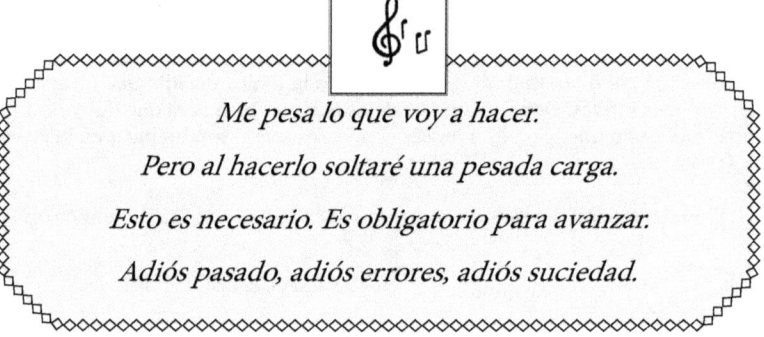

Me pesa lo que voy a hacer.

Pero al hacerlo soltaré una pesada carga.

Esto es necesario. Es obligatorio para avanzar.

Adiós pasado, adiós errores, adiós suciedad.

Continuaremos por la avenida Camino Sagrado hasta encontrar el vertedero. Ya tenemos cita para vaciar estas aguas sucias. Deberán soportar el hedor a basura y podredumbre del lugar.

"Todo el mundo sabe que donde se juntan los buitres,

allí hay un cadáver".

Mateo 24:28

Se respira podredumbre y hay suciedad por todos lados. El ambiente aquí es triste, desolador y desordenado. Sobre las pilas gigantescas de basura vuelan en círculos, cientos de aves negras; los llamados buitres que esperando el momento preciso se lanzan sobre los desperdicios y cosas perdidas de otros para disfrutar de un banquete. Ese sitio alberga el centro de reciclaje de basura y procesamiento de aguas negras. Nadie viene aquí, no es un sitio público, ni tampoco tiene rótulos. Solo los empleados que recogen la basura pueden entrar o los que han gestionado un permiso para llevar carga en exceso, o los que aseguran que tienen un desecho especial de los cuales ellos mismos deben asegurarse que ha sido procesado.

Ese es nuestro caso. Queremos saber que lo que desechamos desaparecerá para siempre.

Pueden conservar las gotas sucias si desean, pero deben saber que esas gotas tienen el potencial de mantenerlas atadas a la Cueva de las Cadenas. Estas actitudes, pecados, pensamientos que están desechando aquí son esas cosas que las atan a una vida de miseria y no las dejan ver ni perseguir las bendiciones que Dios tiene destinadas para ustedes. Las que ya estén decididas, bajen y desechen su pequeño contenedor de aguas sucias. Regresen rápidamente al bus. Ahí dejarán la peor basura de sus vidas. Cuando añoren algo que soltaron aquí, recuerden el trabajo que le dio identificar esa gota, clasificarla, recolectarla y traerla hasta aquí. Pero más aún, recuerden el sufrimiento y las humillaciones que sufrieron por cuenta de esa gota. Digan: *"De esa agua no beberé jamás".* Aunque crean que se mueren de sed, no beban ni entren en contacto jamás con ninguna de estas gotas. Se envenenarán, se intoxicarán, y se arrepentirán.

Luego de mi retórica, pasaron unos segundos que parecieron una eternidad. Las mujeres lucían impresionadas con el ambiente, olor y desorden de este lugar. En el cielo se notaban buitres sedientos sobrevolando los contenedores de aguas sucias. Nadie parecía dar el primer paso para bajarse del bus. De pronto una desesperada jovencita de 12 años que nos acompaña en la excursión tomó la iniciativa de bajarse del bus. Sus dos largas trenzas mal acomodadas la hacen ver descuidada. Sus ojos son oscuros, sus pómulos son altos y su mirada está perdida. Habla muy poco, pero nos comentó que pertenece a un grupo étnico de las afueras de Promesa. Vive pobremente en una pequeña casa verde con ventanas de madera en un área rural. Ocupa la residencia con su padre, madre y tres hermanos adultos que no trabajan ni tienen oficio. Ella recibe golpes, gritos y abusos a cualquier hora del día. Cuando regresa de la escuela, espera impaciente que llegue la noche para escaparse felizmente al bosque en donde se siente más segura que en su propia casa. Allá en la Cueva de las Cadenas sueña con ser rescatada, pero nadie hace nada por ella. Los pocos vecinos que tiene ya están insensibilizados antes los gritos agonizantes y desesperados de la joven, que se confunden con los gritos endemoniados de los adultos. Se bajó aquí sin miedo, ya que esta podredumbre que respira aquí debe ser mucho mejor que el ambiente que respira en su casa. Las demás mujeres siguieron a Felina en una silenciosa procesión hasta el negro y maloliente contenedor de procesamiento de aguas sucias. Algunas se notaban pensativas, asustadas y dudosas mientras otras lucían decididas y aliviadas. Las 10 mujeres que nos acompañaron hoy, sin faltar solo una, desecharon sus gotas de agua sucia, determinadas a limpiar sus vidas de los errores, malas decisiones y experiencias tristes del pasado.

La mujer #1, nuestra invitada especial con libro en mano

¿qué será lo que ella decidirá?

PARADA #7

Pozo

Agua Viva

¡EN EL POZO TODAS
SOMOS BIENVENIDAS!

"Como tenía que pasar por Samaria, llegó a un pueblo samaritano llamado Sicar, cerca del terreno que Jacob le había dado a su hijo José. Allí estaba el pozo de Jacob. Jesús, fatigado del camino, se sentó junto al pozo. Era cerca del mediodía. Sus discípulos habían ido al pueblo a comprar comida. En eso llegó a sacar agua una mujer de Samaria, y Jesús le dijo:—Dame un poco de agua. Pero, como los judíos no usan nada en común con los samaritanos, la mujer le respondió:—¿Cómo se te ocurre pedirme agua, si tú eres judío y yo soy samaritana?—Si supieras lo que Dios puede dar, y conocieras al que te está pidiendo agua —contestó Jesús—, tú le habrías pedido a él, y él te habría dado agua que da vida.."

Juan 4:4-10 (NVI)

*M*ientras estamos de camino al mejor lugar de la aldea, quiero que meditemos con la música de guitarra en este bello flamenco. Acaban de soltar una gran carga. Tal vez tengan el pecho apretado, sentimientos encontrados o dudas sobre el próximo paso que darán. Relájense porque en el Pozo nunca nada sale mal. Así dice la estrofa principal de la canción:

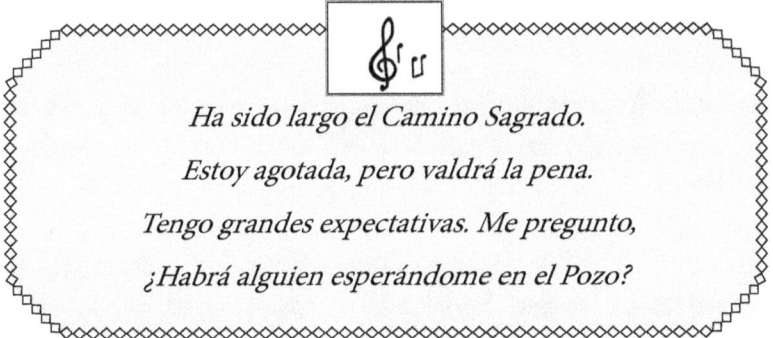

Ha sido largo el Camino Sagrado.

Estoy agotada, pero valdrá la pena.

Tengo grandes expectativas. Me pregunto,

¿Habrá alguien esperándome en el Pozo?

Cada una de las seis calles de esta aldea cruza la avenida Camino Sagrado y desembocan en el Pozo. No mucha gente visita el Pozo. El área que divide el Pozo de la avenida Camino Sagrado contiene una espesa vegetación de arbustos, palmeras y pastos altísimos que bloquean la vista hacia el Pozo. La única forma de ver lo que hay en el área del Pozo es llegando hasta allá. Yo conozco muy bien esta ruta y sé que nadie se pierde en ella. Por más vueltas que demos en este camino, siempre llegamos al mismo lugar.

El Pozo Agua Viva está en el mismo centro de la aldea, pero diferente a como sucede en las plazas de algunos países, este centro no es tan popular. Es un lugar precioso, solitario y apartado. Está abierto 24 horas al día y a corta distancia del bullicio, pero la gente prefiere visitar otros lugares de la aldea donde hay más entretenimiento. Al Pozo solo llegan personas que ya conocen sus beneficios o personas en crisis que están cargadas de problemas y sedientas de un poco de paz. En el Pozo encontrarán lo más importante que necesitan para comenzar una vida nueva. Aquellas mujeres que estaban perdidas, aquí serán encontradas.

Las que se creían intocables, aquí serán tocadas. Las que creían que ya lo sabían todo, aquí conocerán la verdad. Es en este lugar donde Dios empieza a trabajar en nuestras vidas para dividir nuestra historia en dos: AR y DR. A esto le llamamos restauración y es donde Dios nos hace nueva. En Promesa, desde que frecuento el Pozo, desarrollé una habilidad especial que me permite ver en todo lo que me rodea 6 promesas especiales de Dios para las mujeres sin marido. ¡Como ya saben, estas seis promesas me salen hasta en la sopa! He vivido muchos años aquí, pero recientemente mientras caminaba por esta aldea, me percaté de que los seis lugares principales de la misma se relacionaban con 6 promesas de Dios para las mujeres. Es como si por dondequiera que iba, viera reflejadas las promesas de Dios. Es imposible creer que Dios te ha abandonado o se ha olvidado de ti si vives tropezándote con sus promesas. Cada una de estas Promesas se relaciona con un objeto que es lo que permite que las veamos en nuestro caminar diario en la aldea.

Así fue como entendí que debo dejar de visitar el Tenebroso Bosque Medio Seco, para poder olvidar lo malo. Del bosque me llevé hojas verdes, que fue lo bueno de mi pasado.

En el concurrido Mercado La Providencia, encontraré lo que necesito y sé que mi comida nunca escasea. Allí de seguro encontraré la harina y el aceite que necesito para sostener a mi familia.

En la pacífica área residencial, donde se encuentra mi Hogar, Protegido Hogar, estoy escudada pues Dios protege mi casa. Mi hogar está blindado con la armadura de metal de Dios.

En el pintoresco Centro del Pueblo, están las sogas que entrelazan el apoyo y las relaciones sociales que necesito. Sin importar mi estado civil, sé que no me falta un representante, porque Dios es mi marido.

En el Conglomerado de Iglesias El Pedregal, entiendo lo que es el perdón y la gracia para aceptar que en Cristo soy justificada. Allí, aunque abundan las piedras que podrían tirarme, sé que Dios no permitirá que eso suceda.

Desde las preciosas vistas del Jardín Botánico El Semillero, colecciono, siembro y comparto mis semillas. Aquí sueño con un mejor futuro y miro confiada el porvenir.

Observen su cántaro con 30 gotas limpias. Son más sabias de lo que creían. Ahora, prepárense para terminar de llenar el cántaro con gotas de Agua Viva, con sabiduría que viene de Dios. Antes, les daré un recorrido por el Pozo, por sus alrededores y por el lugar físico que alberga el Pozo de mi corazón. En este mismo lugar y sin condiciones serán bien recibidas siempre.

Este entorno es precioso. Aunque parece un desierto, el clima es perfecto durante todo el año. No hace frío ni hace calor. De día no te quema el sol y de noche no te molesta el resplandor de la luna. El suelo del área donde está el Pozo está cubierto de una fina arena blanca compuesta de 99% de cuarzo. El área total cubre unos 6 acres de terreno. El Pozo está ubicado en el mismo centro de esta área.

Cuando empecé a frecuentar el Pozo diariamente, no de vez en cuando como lo hacía antes, quedé maravillada por la paz que se sentía y los efectos del Pozo en mi carácter y en mi estado de ánimo. Decidí buscar información de la registración del Pozo en los archivos de la ciudad con la intención de remodelarlo. No había registro en la aldea sobre la construcción del pozo original. Quería saber más acerca del Pozo por lo que fui a preguntar a los ancianos de la aldea, pero nadie recordaba quién lo construyó. Me dijeron que siempre había estado ahí, pero que era más bien para un grupo selecto y que no era ofrecido para el público en general.

Los postes de madera del Pozo eran viejos y estaban podridos. El cubo que se usaba para subir el agua era de madera y estaba desgastado. El techo, del mismo material que el cubo, estaba cayéndose también. La piedra que lo recubría estaba llena de hongo y humedad por la falta de mantenimiento. Las hojas y las enredaderas estaban cubriendo el Pozo por todas partes. Este se encontraba en un deterioro total. No escatimé en esfuerzos ni en dinero para remodelarlo. Usé la tecnología moderna para asegurarme que no se volverá a deteriorar. También me aseguré de incorporar las 6 Promesas que había encontrado en esta aldea en el momento que estaba diseñando el Pozo.

Desde Italia se importó mármol Calacatta Viola para recubrir el área exterior de la base del Pozo. Este precioso y fino mármol es blanco con vetas color púrpura. La soga que sostiene el cubo es de tres cordones entrelazados, es resistente al moho y no se pudre. El cubo, la polea y el mecanismo que lo sube es de metal de acero inoxidable que ni se desgasta ni se corroe. Este mecanismo funciona con energía solar que se extrae de paneles solares instalados en el techo del pozo. El techo es de tejas de acero inoxidable y de color púrpura. Una gran pérgola hexagonal de tubos de metal se construyó alrededor del Pozo. En uno de los lados de la pérgola se levanta un gran arco de acero con el nombre del Pozo. Esta pérgola no tiene piso con el fin de que la gente pueda caminar descalza y sentir la fina y blanca arena. De esa estructura de acero cuelgan las múltiples plantas de parcha púrpura (Passiflora edulis Sims) que adornan el Pozo con su bello follaje verde, sus frutos color púrpura y las preciosas flores blancas con centro púrpura. De esta fruta se obtienen semillas, aceite y harina. La preciosa flor de la pasión, de donde esta planta recibe su nombre, no recibió su nombre porque desata pasiones, sino porque nos recuerda la corona de espinas que Jesús cargó en su Pasión para que tuviéramos esperanza en una vida eterna.

Vean justo en la entrada, como ondulan la bandera del Pozo Agua Viva y la de Promesa. En la entrada principal del Pozo hay un rótulo gigante que dice: Las Gotas Indispensables. Ahí ven enumeradas las 10 gotas que añadirán a las otras 30 que ya han coleccionado.

Escuchen desde la boca del Pozo el sonido de agua corriendo por las entrañas de la Tierra. Dicen en la aldea que por debajo del Pozo pasa una corriente de agua que nace en las montañas del bosque, la cual cruza subterráneamente la Cueva de las Cadenas, pasa por el Pozo y desemboca en el Mar Dulce Promesa. Es por eso que el sabor de esta agua es inigualable, metálico, refrescante y puro.

Durante la temporada de huracanes es que muchas personas visitan este Pozo, ya sea por razones incorrectas u otro motivo. Los reportes informan que hay unidad en la aldea luego de que estos fenómenos naturales han pasado. Curiosamente esta unidad sucede cuando hay una crisis de agua y viene todo tipo de gente a buscarla aquí. El agua del Pozo les hace un poco de efecto, aunque no sepan lo que se están bebiendo. También se acercan a este lugar personas en épocas de crisis; como aquellos que han sido diagnosticados con enfermedades terminales, o con problemas personales y financieros. Las que vienen especialmente por aquí son desesperadas mujeres abandonadas por sus esposos. También se ve venir padres llorando por la pérdida de sus hijos que han sido asesinados o que han muerto en el bosque. Esos familiares y amigos se reprochan que no hicieron lo suficiente para salvar a sus seres queridos por lo cual comienzan a entender que el bosque es un sitio real en el cual se puede perder la vida.

Algunos vienen al Pozo por necesidad, recogen agua que les resuelve el problema y a la primera señal de mejoría, se les olvida la avenida Camino Sagrado, que es la ruta que los llevó hasta el Pozo. Estos vuelven a recordar el camino cuando la desgracia los visita una vez más. No obstante, aquí siempre son bien recibidos y no se les reprocha nada. Las mujeres que aceptan tomar esta agua retoman sus vidas, e inspiradas por las Promesas de Dios, se dedican a andar por la vida sin problemas ni tropiezos. A esas las reconozco desde lejos, aunque no tengan visible el cántaro con sus gotas. Ellas reflejan en sus caras el agradecimiento y el alivio de saber que no volverán al bosque a tener que sobrevivir en la intemperie.

 ## Seis Cactus alrededor del Pozo

Cuando comencé a visitar el Pozo me percaté de que había 6 áreas en sus alrededores en donde crecían por separado 6 tipos de cactus. Sorprendida, tomé fotos a cada tipo de cactus suculenta y me dirigí a la biblioteca de la aldea, localizada en el Centro del Pueblo. Allí conseguí, con la ayuda de una enciclopedia botánica, identificar las 6 variedades que crecían en las cercanías del Pozo y a descifrar un mensaje de esperanza en estas 6 áreas. Hoy las quiero pasear por aquí y compartir este mensaje con ustedes. Una vez más comprobé que las promesas de Dios están por todas partes en esta aldea y que queda de nuestra parte encontrarlas, aprenderlas y creerlas.

Área #1 *Dama de Noche*

Volvió a reaparecer esta planta en mi vida. Sabía que la había visto y olido en otro lugar. Esta planta tiene hojas largas muy verdes. Sus flores blancas son muy grandes y solamente abren de noche. Me preguntaba porqué esta flor estaba en el bosque y en el Pozo. Me di cuenta de que yo podía cambiar mi vida y que, en la noche en vez de estar amarrada a la cueva del bosque, pasaba a estar en la presencia de Dios en un lugar sano y protegido. Esta bella suculenta nos recuerda que Dios nos restaura y aunque somos las mismas ya no somos iguales.

Área #2 *Nopal*

El nopal es una suculenta que tiene múltiples usos. Sus hojas son verdes, gruesas y tiene espinas en la superficie de la hoja. Por su apariencia exterior, estas hojas intimidan, pero dentro tienen una pulpa que sirve para múltiples usos caseros, cosméticos, curativos y culinarios. Esta planta es un excelente recurso en tiempos de crisis pues no se desperdicia absolutamente nada. Se consume su fruta y sus hojas, de las cuales se obtiene harina y aceite. El nopal nos recuerda la provisión de Dios en nuestras vidas y que debemos aprovechar al máximo los recursos que tenemos disponibles.

Área #3 *Saguaro*

El saguaro es un imponente cactus suculenta de hasta 15 metros de altura. Su corteza es un grueso escudo que protege a la planta. Sus raíces son muy profundas y arraigadas a la tierra. Sus flores son blancas y brillantes por lo que alumbran el camino a animales y pájaros en la oscuridad de la noche. Sus largas ramas verticales asemejan manos con dedos. Muchos pájaros hacen sus nidos dentro de estas ramas. Esta planta nos recuerda la protección de Dios en nuestras vidas ya que en sus manos podemos encontrar una guarida segura en los días claros y en las oscuras noches.

Área #4 *Agave, Pita*

El agave es una suculenta que tiene largas ramas que se extienden como una flor abierta. Cada hoja tiene una corteza muy dura. De cada una de las puntas de estas hojas, se puede obtener una especie de aguja con hilo, llamado hilo de pita. El hilo y la aguja ejemplifican la compañía, que son esos lazos familiares y comunitarios que debemos tejer para conseguir lo que nuestras familias necesitan. De las hojas de esta planta, se saca una fibra con la cual se fabrican cubiertas, ropa y cordones.

Área #5 *Cactus Piedra*

Los cactus piedras se asemejan a piedras lisas, son extremadamente atractivos y se encuentran en toda la gama de colores. Cada planta tiene una división por la cual le sale una única flor. Se han adaptado en forma de piedra para pasar desapercibidas y no convertirse en alimentos de los animales. Esta planta nos recuerda a las mujeres que han sido perdonadas y justificadas por Dios. Aunque traten de tirarles piedras, ellas continúan teniendo vidas bendecidas y productivas.

Área #6 *Pitaya, Fruta del Dragón*

Este precioso cactus florece a solo dos años de haberse plantado. Luego continúa dando frutos por décadas. La cáscara de su fruto es de color rosado brillante con un interior blanco que contiene diminutas semillas negras. Estas numerosas semillas nos recuerdan a nuestra fe, la cual nos hace florecer en abundancia. La fe es lo que permite que miremos confiadas el porvenir mientras esperamos que nuestras semillas germinen, crezcan y den frutos.

Mis vivencias en el Pozo

"Con paciencia esperé que el Señor me ayudara,
y él se fijó en mí y oyó mi clamor.
Me sacó del foso de desesperación, del lodo y del fango.
Puso mis pies sobre suelo firme
y a medida que yo caminaba, me estabilizó.
Me dio un canto nuevo para entonar,
un himno de alabanza a nuestro Dios.
Muchos verán lo que él hizo y quedarán asombrados;
pondrán su confianza en el Señor".
Salmos 40:1-3 (NTV)

Ahora quiero contarles mientras están sentadas en estos preciosos alrededores como fue que llegué a este maravilloso Pozo. Estos versos de la Biblia parecen escritos especialmente para mí. A esto le llamo *El Rescate del Salmo 40*. Esto fue lo que Dios comenzó a hacer conmigo a mis 39 años y medio. El día que cumplí 40 años, ya era una **#mujer rescatada**. Estos versos describen el AR y DR de una mujer. La vida antes del rescate y la vida después del rescate.

El Pozo fue el último lugar que descubrí en mi aldea. Me hubiera gustado visitarlo antes. Muy poca gente lo menciona. Nunca nadie me invitó a visitar este lugar. Me pregunto si estas invitaciones no llegaron, debido a que la gente me evitaba por vivir siempre de problema en problema. A menudo, veo conocidos cuando vengo al Pozo, que siempre se llamaban cristianos pero que nunca me invitaron a este lugar. Ahora se sorprenden en gran manera al verme por aquí. Llegué al Pozo en época de crisis. Un día durante mi adolescencia estaba buscando un sitio solitario donde pudiera llorar. Así crecí mientras hacía visitas esporádicas al Pozo.

Me gustaba leer libros que le dieran respuestas lógicas a mis preguntas. Era inteligente y con un buen rendimiento académico y profesional, pero nunca me fue bien en el plano personal. A la edad donde algunas mujeres se casan por primera vez, ya yo había tenido tres maridos y dos hijos.

Mucha gente me preguntaba que pasaba conmigo, ya que era incapaz de sostener un matrimonio. Sé que muchos me veían con pena, pero nadie hacía algo por ayudarme o aconsejarme. Muchas personas que dicen apreciar a otras no se involucran a ayudarlos con sus problemas personales, mientras usan excusas como: *"No me meto en problemas de matrimonios", "Los trapos sucios se lavan en la casa", "Esos dos siempre están como perro y gato", "Ellos se entienden", "El amor es así".*

Sentía mucha paz, pero no duraba en el Pozo. Cuando mis problemas mejoraban, dejaba de venir hasta que me atacaba la próxima crisis. Estaba confundida entre el Pozo y las cosas mundanas mientras buscaba felicidad en la dirección incorrecta.

Rutas equivocadas tratando de encontrar el Pozo

"Tú llevas la cuenta de todas mis angustias
y has juntado todas mis lágrimas en tu frasco;
has registrado cada una de ellas en tu libro".
Salmos 56:8 (NTV)

Durante años intenté buscar algo que pudiera llenar el vacío de mi alma y remediara mis angustias. Nada de lo que traté resultó. Sé que mientras yo trataba y trataba, Dios iba juntando mis angustias en un frasco, las iba escribiendo en su libro, para que algún día yo pudiera dar testimonio de lo que solo Él es capaz de hacer. Entendí que no hay atajos, sustitutos ni remedios fuera de la Palabra de Dios. Eso es lo primordial; el resto es sencillamente opcional. Estas fueron las prácticas que traté: metafísica, horóscopo, rezar el rosario y las novenas, terapias psicológicas, libros de autoayuda y motivación, ejercicios de hipnología, yoga, piedras con "poderes", tambores tibetanos, respiraciones (recetadas por un sexólogo para calmar mis traumas de la niñez), imposiciones del cura luego de la confesión, música de sonidos de la naturaleza, observé las galaxias, balanceo de chacras, reflexología, retiros espirituales, karma, meditaciones esotéricas, remedios naturales, pastillas, etc. Venir al Pozo era una visita obligada luego de cada uno de mis frecuentes paseos por el bosque. Visitaba el Pozo luego de cada cita amorosa, decepción, abuso y traición. Dios sabía que yo estaba sedienta de algo y que gritaba:

"Señor, dame de esa agua…"
Juan 4:15 (NVI)

Todo fue diferente cuando llegué al Pozo estando embarazada de mi hijo. Creo que las hormonas y el sufrimiento me hicieron empezar a entender. Pasaron otros cincos años donde incrementé las visitas al Pozo y disminuí las del bosque. El agua del Pozo por fin estaba surtiendo efecto. A medida que visitaba el Pozo, sentía que me ayudaba y más entendía el propósito de mi vida. Empecé a ver todo diferente. Donde existía desgracia, empece a tener esperanza y donde había pena, comencé a ver alegría. Todo seguía igual; la que había cambiado era yo. Ya no me veía como a una víctima que tenía que estar encadenada a la cueva del bosque para justificar mi vida. Esta nueva vida era tan normal y pacífica que no pensé que sería posible vivir en paz y sin dramas. Me tomó un tiempo entender que podía ser aceptada completamente en el Pedregal, pero nunca tuve duda de que en el Pozo era aceptada sin condiciones. Un día en la iglesia evangélica El Pedregal leí una historia en la Biblia. No sé por qué abrí esa página, ni cómo la encontré. Comprendí entonces que Dios me llevaba al Pozo una y otra vez para que yo entendiera el mensaje que había en la historia bíblica de la Samaritana del Pozo en el capítulo 4 del libro de Juan. Recuerdo claramente lo que pensé cuando leí esa historia de la mujer sedienta. *Si Jesús le ofreció Agua Viva a ella, eso quiere decir que también me la daría a mí a pesar de mi complicado pasado".* Con el tiempo entendí que esta agua es para el que la necesite y no para un grupo selecto de gente sin problemas. En el Pozo se aceptan las mujeres como lleguen, sin importar su condición social o económica, nacionalidad, creencias religiosas previas, vestimenta, o apariencia física. Aquí solamente se les mira la condición del corazón. Abogo constantemente para que las mujeres tengan acceso al Pozo. El Pozo es un lugar de segundas oportunidades y en donde las mujeres pueden venir a refrescar su alma y a recibir una nueva vida. No se desesperen, muy pronto recibirán las últimas 10 gotas de esta excursión sacadas de las profundidades del Pozo. Pero antes, lean la historia bíblica de la mujer que me inspiró a recoger gotas. También sabrán sobre el verdadero origen del Pozo de esta historia.

SAMARITANA DEL POZO

LEAN SU HISTORIA EN
Juan 4:4-30, 39-42

Ahora entenderán el porqué del cántaro que hemos estado cargando. Esta mujer vivió en la ciudad de Samaria en el antiguo Israel. Un día fue a un pozo a buscar agua y allí tuvo un encuentro personal con Jesús, quién cambió el rumbo su vida. Antes de conocer a Jesús, ella tuvo 5 maridos y vivía en concubinato con un sexto hombre. Después de su encuentro con Jesús, se convirtió en la primera mujer evangelizadora. Fue ella a la primera persona a quien Jesús le confesó que era el Mesías. Ella tuvo la oportunidad de conocer a su Salvador personalmente y sin importar su mala fama, fue y les dijo a todos lo que vio y aprendió. La Samaritana del Pozo es una fuente de inspiración para mí y para muchas otras mujeres. Sé que Dios dejó esta historia en la Biblia como redención para mujeres como tú y yo; para que no nos quede duda alguna de que Él tiene en cuenta a las mujeres sin marido y a las que tienen pasados complicados. Él nos cambia la vida y nos usa para su obra. Desde que leí esta historia bíblica, dejé la vergüenza y las mentiras que por años formaron parte de mi vida tratando de esconder un pasado bochornoso. Ese día recibí convicción de por vida y ese momento lo atesoro en mi corazón. Algún día ustedes sentirán lo mismo que sintió la Samaritana del Pozo y lo que hoy siento yo, que es una pasión que las quemará y no podrán contener los deseos de decirle a todos lo que Dios ha hecho por ustedes.

MÁS ALLÁ DE PROMESA

EL POZO DE JACOB, NABLUS, CISJORDANIA

El Pozo Agua Viva de Promesa es uno de los sitios más bellos que jamás haya imaginado. Pero hay otro pozo, el verdadero, el original y donde se originó la historia bíblica de Juan 4. Los judíos, samaritanos, cristianos y musulmanes asocian este pozo con el personaje bíblico de Jacob. Los cristianos también lo asociamos con la Samaritana del Pozo. Este es uno de los sitios arqueológicos más auténticos de tiempos bíblicos, ya que no se puede mover un pozo de agua. En este pozo fue que la Samaritana del Pozo encontró a Jesús. Si me dieran a escoger visitar un solo lugar del mundo, escogería visitar el pozo que presenció tan bella conversación. Sé que allí sentiré la misma emoción que sintió aquella mujer escogida por Dios para recibir un Agua Viva que le saciaría su sed para siempre. Pisar ese suelo, tocar esa agua sería como dar un viaje al pasado y ser partícipe de esa bendición. Visitarlo sería hermoso, pero no tenemos que llegar hasta allá para recibir la misma Agua Viva que recibió la samaritana. El propio Jesús le dijo a ella:

"Dios es espíritu, y quienes lo adoran

deben hacerlo en espíritu y en verdad".

Juan 4:24 (NVI)

GOTAS INDISPENSABLES

Les presento las 10 gotas indispensables las cuales Dios les ofrece y desea que echen en sus cántaros. Estas son regalos de Dios para ustedes. Llenen sus cántaros con el Agua Viva de este Pozo, la cual no les dará sed jamás. Atesoren esta agua en sus corazones. Tienen en su cántaro 30 gotas de sus propias experiencias. Estas últimas 10 gotas de Agua Viva son las gotas que marcarán sus vidas y que, al aceptarlas, tienen el potencial de dividir sus vidas en AR y DR (Antes del rescate y después del rescate). A través de estas gotas conocerán conceptos bíblicos claves que le cambiarán la vida.

Todo este recorrido por el Camino Sagrado desemboca en este Pozo en donde aceptan los siguientes beneficios de parte de Dios:

Espíritu Santo

"Los que no tienen el Espíritu de Dios no aceptan las enseñanzas espirituales, pues las consideran una tontería. Y tampoco pueden entenderlas, porque no tienen el Espíritu de Dios".

1 Corintios 2:14

Convicción

"Pero si reconocemos ante Dios que hemos pecado, podemos estar seguros de que él, que es justo, nos perdonará y nos limpiará de toda maldad".

1 Juan 1:9

Redención

"En Él tenemos redención mediante su sangre, el perdón de nuestros pecados según las riquezas de su gracia".

Efesios 1:7 (NVI)

Gracia

"Dios los salvó por su gracia cuando creyeron. Ustedes no tienen ningún mérito en eso; es un regalo de Dios".

Efesios 2:8 (NTV)

Justificación

"Pero la gente no es considerada justa por sus acciones sino por su fe en Dios, quien perdona a los pecadores".

Romanos 4:5 (NTV)

Salvación

"Pues si ustedes reconocen con su propia boca que Jesús es el Señor, y si creen de corazón que Dios lo resucitó, entonces se librarán del castigo que merecen. Pues si creemos de todo corazón, seremos aceptados por Dios; y si con nuestra boca reconocemos que Jesús es el Señor, Dios nos salvará".

Romanos 10:9-13

Libertad

"Si ustedes obedecen mis enseñanzas, serán verdaderamente mis discípulos; y conocerán la verdad, y la verdad los hará libres."

Juan 8:31-32

Paz

"Así Dios les dará su paz, esa paz que la gente de este mundo no alcanza a comprender, pero que protege el corazón y el entendimiento de los que ya son de Cristo".

Filipenses 4:7

Sabiduría

"Si alguno de ustedes no tiene sabiduría, pídasela a Dios. Él se la da a todos en abundancia, sin echarles nada en cara".

Santiago 1:5

Restauración

"Ahora que estamos unidos a Cristo, somos una nueva creación. Dios ya no tiene en cuenta nuestra antigua manera de vivir, sino que nos ha hecho comenzar una vida nueva".

2 Corintios 5:17

LOS TRES ELEMENTOS CLAVES

DE ESTE PEREGRINAJE

Antes de que decidan si reciben estas 10 gotas, quiero que finalmente conozcan el significado de este viaje que hicimos por el Camino Sagrado. Lo que parecía una simple excursión por una aldea fue en realidad un peregrinaje para encontrarnos con lo más importante de nuestras vidas. El Camino Sagrado las lleva hacia el Pozo, el cual les da el Agua Viva que necesitan para tener la vida que soñaron tener.

Jesús

Es el Camino Sagrado hacia el Pozo y a través de Él es que logramos acceso al Pozo

«Jesús le respondió: —Yo soy el camino, la verdad y la vida.

Sin mí, nadie puede llegar a Dios el Padre.»

Juan 14:6

Dios

Es el Pozo y aquí eres aceptada en cualquier condición

«El que tenga sed, venga a mí.

Ríos de agua viva brotarán del corazón de

los que creen en mí. Así lo dice la Biblia.»

Al decir esto, Jesús estaba hablando del Espíritu de Dios,

que recibirían los que creyeran en él.

Juan 7:37-39

Agua Viva del Pozo

Son los múltiples beneficios que Dios

nos ofrece incluyendo las 10 gotas indispensables

"Pero el que beba del agua que yo doy

nunca más tendrá sed.

Porque esa agua es como un

manantial del que brota vida eterna".

Juan 4:14

Sé que algunas están sorprendidas por lo que encontraron aquí. Quiero darles un tiempo a solas frente al Pozo para que cada una decida si acepta o no estas 10 gotas indispensables. Bajo la sombra de estas enredaderas y sintiendo la fina arena en sus pies, tomen una decisión que podrá cambiar el rumbo de sus vidas.

ÚLTIMAS RECOMENDACIONES

Espero que hayan tomado una buena decisión al aceptar las 10 gotas indispensables que Dios desea darles. Antes de llevarlas a sus casas, quiero darles unas últimas recomendaciones. Estamos cansadas, hemos tenido un día muy largo, pero así son los rescates de Dios: inesperados, intensos y productivos. Fue hermoso verlas compartir en esta excursión. Mantengan el contacto y apóyense. Deben saber, aunque nadie se los admita, que ustedes las mujeres sin marido, son una fuerza importante que tiene el potencial de alterar el panorama social, político y económico de cualquier aldea. Recuerden siempre que son importantes para sus familias, para la sociedad y para Dios.

El trabajo no termina al bajarse de este bus. Apenas están comenzando. Busquen apoyo en su comunidad para lograr todos los cambios que quieran ver en su vida. Son bienvenidas en nuestros "pozos" donde se imparte el estudio bíblico *6 promesas de Restauración para Mujeres sin Marido*. Corran la voz sobre esta excursión e inviten a otras amigas. Van a regresar solas a sus aldeas, a la vida de todos los días; a enfrentarse con las mismas cosas que creyeron que desecharon. Habrá mucha gente que crea que no pueden cambiar. Esos esperarán su próxima caída para decir: *"Lo sabía".* Si de verdad desean continuar con un cambio cuídense de con quién andan. Si por alguna razón caen en algo indebido, corrijan ese error y regresen al Pozo. No dejen de venir porque crean que son indignas o que no merecen estar en el Pozo. Oren y estudien la Palabra para que sus pasos diarios sean por el Camino Sagrado, que es el único camino que conduce al Pozo. Decidan a cuál iglesia del Pedregal van a asistir para que conozcan más de la Palabra de Dios y de su voluntad para sus vidas.

> **Las mujeres sin marido, son una fuerza importante que tiene el potencial de alterar el panorama social, político y económico de cualquier aldea.**

Por último, vamos a rodear el Pozo mientras cada una lee 1 letra de la palabra *Restauración*. Son 12 letras por lo cual, yo leeré la última.

Compromiso con mi restauración

Restauración

Retomaré mi camino llevando conmigo solo lo más importante y lo mejor de mi vida a lo cual me aferraré para continuar con la vista fija en las bendiciones que esperan adelante de mí.

Evitaré retroceder de donde salí trazando un plan de acción preventivo para evitar relaciones, decisiones, y sentimientos que me perjudican y atrasan mi prosperidad.

Provisión

Saciaré mis necesidades físicas y espirituales agradecida de que todo me lo provee Dios y que debo usar sabiamente la provisión que me llega en forma de comida, vivienda, dinero, salud y bendiciones.

Tomaré como una bendición de parte de Dios lo mucho o poco que tenga en tiempos de escasez o de abundancia, lo cual compartiré con los menos afortunados.

Protección

Aseguraré física y espiritualmente mi casa y mi familia, a la cual defenderé y protegeré de todo abuso, negligencia y maldad.

Unificaré mi familia al promover y enfatizar el amor, la igualdad, la individualidad, el respeto, los valores, la compasión y la diversidad.

Compañía

Respetaré el uso apropiado de mi cuerpo y de mi alma procurando el cuidado integral de mi salud física y mental las cuales necesito para mantener relaciones saludables con los demás.

Apreciaré la ayuda, relaciones y recursos que estén disponibles en mi comunidad a la vez que comparto ideas, regalo de mi tiempo y aporto a la comunidad.

Perdón

Confiaré en Dios y en la nueva vida que me ofrece al aceptar su perdón, al perdonar a otros y al perdonarme a mí misma.

Inquietaré mi alma para seguir aprendiendo de la Palabra de Dios y de su gracia a la vez que comparto lo que aprendo con otras mujeres que necesitan saber del amor de Dios.

Fe

Ordenaré las prioridades de mi vida y planificaré estratégicamente las áreas críticas que tienen el potencial de cambiar mi vida y la de mi familia.

Nutriré mi vida con positivismo, enfoque, arduo trabajo, buenas decisiones y fijaré la mirada en las posibilidades infinitas que Dios me ofrece para mejorar mi calidad de vida y encaminarme a una nueva forma de vivir.

Tomado del libro:
Nunca más te sentirás sola

_____
Nombre - Fecha

samaritanadelpozo.com

HASTA AQUÍ
NOS TRAJO EL BUS

"Más vale un buen final

que un buen principio".

Eclesiastés 7:8

Hasta aquí trajo el bus a 11 mujeres

Mientras nos despedíamos del Pozo, veía como las mujeres curioseaban por los alrededores, bebían de la refrescante agua del Pozo y hablaban unas con otras. De camino a sus casas, tocamos música cristiana contemporánea que era opacada por el bullicio, risas y alegría de las mujeres. Esta es la estrofa principal.

Un bendecido día fui rescatada y encaminada.

Gota a Gota mi alma fue restaurada.

Encontré el Camino Sagrado

que me llevó hasta un Pozo con mucha agua.

A estas 11 mujeres se les despertaron los sentidos; olieron aromas frescos y de podredumbre, probaron comidas dulces y saladas, tocaron gotas limpias y gotas sucias, escucharon dulces consejos y duras represiones y vieron la mejor y la peor parte de la aldea. Algunas de las mujeres que completaron la excursión lloraron, otras se desahogaron, otras aceptaron que necesitan de Dios. Se dieron cariño unas a las otras y hablaron muchísimo. En el Pozo vi lagrimas mezcladas con entusiasmo en los rostros de estas mujeres.

Descubrí que estas mujeres son parecidas a las orquídeas rosadas que abundan y adornan a Promesa; son hermosas, valiosas, únicas, independientes, fértiles, generosas, resistentes, persistentes, adaptables y creativas. Hoy estas mujeres supieron que Dios las restaura, provee, protege, acompaña, perdona y prospera.

Me dijeron estar sorprendidas de la existencia del Pozo en su propia aldea. Solo dos participantes rehusaron recibir las 10 gotas indispensables. El resto aceptó con gusto algo que es gratis y que les trajo bendiciones. Nos comentaron lo que decidieron hacer con sus vidas para no regresar al tenebroso bosque y les dimos algunas otras sugerencias.

"Cuando Dios los encontró,

ustedes andaban por el desierto,

por tierras barridas por el viento.

Pero él los tomó en sus brazos y

los cuidó como a sus propios ojos".

Deuteronomio 32:10

Flora decidió que va a dejar las penas, la añoranza y que va a aceptar su nueva vida en Promesa como una bendición de Dios. Dijo que va a comenzar a orar con la esperanza de que Dios escuche sus súplicas y pueda ir pronto a su país a ver sus hijas. También decidió que va a dejar el miedo e irá a visitar un abogado en el centro del pueblo para hacer los trámites de legalización en Promesa. Encontramos para ella un grupo social de personas de su país que se reúne una vez al mes. Le recomendamos una iglesia para congregarse cerca de su casa en donde hablan su idioma. Ella solo asistía a la iglesia cuando la invitaban a bodas y bautismos. Le dimos el contacto de una agencia que ofrece clases gratuitas para aprender el idioma de Promesa.

Olivia aprendió muchísimo en esta visita al mercado. Visitó puestos y escuchó de ofertas que ni sabía que existían. Se animó a tener más confianza en Dios y a preparar un menú de antemano para estar segura de que su provisión le rendirá. Le dimos un listado de lugares donde podría conseguir comida gratis si la necesitaba, y la motivamos a que le diga a su familia y amigos la verdad de su situación. Hoy entendió que tener cerca a su familia inmediata y a una comunidad de fe es una bendición. La animamos a que reactive su caso de manutención para que el padre de sus hijos le envíe lo que ellos necesiten. Dijo que volverá a asistir a las clases de estudios bíblicos y que llevará a sus hijos a la escuela dominical. Hoy en el pozo sintió en su corazón tomar una semana libre en su trabajo para ir a un viaje misionero con los miembros de su iglesia.

Platina se ganó la simpatía de las demás mujeres con su sencillez y dulzura. Le sobraron las mujeres que la querían ayudar a salir más de su casa. Recibió invitaciones a iglesias, a grupos y a conciertos. Ella está decidida a rehacer y a disfrutar más su vida. La animamos a trabajar como voluntaria en alguna iglesia y en las agencias del centro del pueblo. Eso la distraería mientras que ayuda a otras mujeres. Le recomendamos que hablara con su consejera acerca de planificar una nueva etapa en su vida. Ella va a visitar varias iglesias de las que la invitaron. Ya sabe que debe ir diariamente al Pozo. La urgimos a que le encuentre el propósito a su vida, incluyendo la posibilidad de emprender un negocio propio. Le dimos la información sobre un grupo de apoyo que se reúnen en el centro del pueblo y que ayuda a personas que han perdido a seres queridos. Algo que ella debe considerar es mudarse a la aldea donde viven sus padres, para tener más ayuda de su familia.

Soledad fue quien más pareció disfrutar esta excursión. Sonreía todo el tiempo. Hoy tuvo tiempo para ser ella misma. Aunque fue intensa la jornada, aquí obtuvo un merecido descanso. Le vamos a gestionar citas en varias agencias y organizaciones que la puedan ayudar. Debe también hacer un intento por lograr que el padre de su hijo la apoye con el cuidado de su hijo. Le recomendamos una iglesia donde tienen un área especial para apoyar a personas con necesidades especiales. Comentó que comenzará a leer la Biblia a diario y a vivir en constante comunicación con Dios. Hoy encontró nuevas amigas y la animamos a salir más de su hogar pues eso le haría bien a ella y a su hijo.

Ámbar fue el alma de la excursión. Se ganó el cariño de todas las mujeres por su dinamismo y alegría. A ella la animamos a desarrollar positivamente sus talentos en el baile y el canto. Tal vez, pueda conseguir otro tipo de trabajo o pueda tomar clases profesionales de canto y baile. La animamos a cambiar de estilo de vida, pero le dejamos saber que Dios la ama como es. Las mujeres la motivaron a que pase más tiempo con su hijo. Recibió varias invitaciones a iglesias y dijo que asistirá. Nos prometió que ahora que sabe la verdad, no buscará los servicios ni pagará más por escuchar las mentiras de la Madama. Por el ambiente donde ella se relaciona y por su alegre personalidad, creemos que ella sería una excelente voluntaria para trabajar identificando y ayudando víctimas de trata humana. Ella aceptó que la pongamos en contacto con la organización en el centro del pueblo que apoya esa iniciativa.

Margarita lloró muchísimo en el Pozo. Dijo sentirse cansada de ser frívola y vacía. Aunque siempre está rodeada de personas en eventos sociales, dice que se siente sola y sin apoyo. La animamos a que conozca la verdadera cara de Promesa y a que dedique su dinero, influencias, talentos y tiempo para ayudar a personas necesitadas. Aceptó que tiene un problema de uso indebido de pastillas narcóticas, y decidió que va a buscar ayuda médica. Ella dijo haber recibido una enseñanza al ver todas estas mujeres que, aunque tienen muchos menos recursos que ella, son más felices. Ella a pesar de nunca haber deseado tener hijos, hoy sintió en su corazón ser una mentora para Felina y dijo que buscará la forma de acercarse a la niña para poder ayudarla.

Madre e hija- Candelaria siempre estudió en los mejores colegios privados, desde niña está viajando por el mundo y había tenido una vida fácil. Su hijo tiene 6 meses y su madre la ayuda en su cuidado para que ella pueda continuar estudiando. El profesor no acepta el niño por lo que están en un proceso legal para validar la paternidad. Candela alberga la esperanza de que su esposo la perdone. A estas mujeres, las vamos a continuar apoyando y visitando. Ellas decidieron no recibir las 10 gotas indispensables. Dijeron no estar preparadas para eso en este momento, pero confesaron que sintieron una paz especial en el Pozo. No tengo duda de que, en su debido momento, ambas regresarán al Pozo. Hoy, ellas supieron que el Pozo existe y lo que aquí pueden encontrar.

Felina fue la menor de nuestras participantes. Ella vive en modo de sobrevivencia y no se le escapó ni una sonrisa durante la excursión. Nos contó que la agencia de prevención de abuso de menores ha visitado su casa y aún no han encontrado causa para removerla de lo que ellos llaman "su hogar". Le sugerimos que se involucre en actividades deportivas luego de la escuela para que pase menos tiempo en su casa. También le recomendamos visitar regularmente la biblioteca pública donde podrá refugiarse por unas cuantas horas mientras lee y hace sus tareas escolares. Le prometimos que no la abandonaremos mientras la consolamos asegurándole que Dios está trabajado en su rescate. Olivia nos prometió que pedirá en su iglesia que el bus del ministerio de niños recoja a Felina los domingos para llevarla al Conglomerado de Iglesias.

Perla pasó trabajo en aceptar que aún es muy joven y que ella puede cambiar su rumbo y el de sus hijos. Casi al terminar la excursión nos confesó que está embarazada con su cuarto hijo, del cual no está segura quién es el padre. La referimos a una agencia cristiana que apoya mujeres que enfrentan embarazos no deseados. Dijo estar cansada de luchar contra todo en la vida y aceptó que debía cambiar de estilo de vida.

La mujer #1, nuestra invitada especial con este libro en su mano

¿Qué decidirá para su vida?

¿Aceptará las 10 gotas indispensables?

De regreso a la aldea de tu corazón

Promesa, la aldea que aloja mi corazón, es un lugar en una dimensión que contiene muchas capas. Promesa no es tan solo el lugar físico donde vivo actualmente. Promesa incluye mis pasadas vivencias y también lo que anhela mi corazón. Adonde me mude, me llevaré los mismos elementos de las seis áreas más importantes de mi aldea y haré otra capa a mi Promesa, que se intercalará con todas las demás. Así es como he logrado tener en mi memoria todos los bosques que he visitado, todos los mercados donde he comprado, todas las casas donde he vivido, todos los centros del pueblo donde he buscado ayuda, todas las iglesias donde me he congregado y todos los jardines que he disfrutado. En la Promesa de mi corazón también guardo los lugares del mundo que deseo visitar, la gente que anhelo conocer, lo que espero dejar por legado a la humanidad y las bendiciones que aún me quedan por recibir. Estas capas se intercalan unas con otras, hasta que por fin entiendo que vivo en Promesa, que es mi vida, la que me tocó vivir. De esta forma he consolado mi corazón, para no sufrir por lo que dejé atrás y para no sentir ansiedad por lo que me depare el futuro. Ahora mismo y en Promesa, lo tengo todo y soy feliz. A donde la vida me lleve, allá llevaré a Promesa conmigo. Me di cuenta de las capas cuando extrañaba algo que ya no tenía, y no podía recordar dónde lo perdí, lo regalé o lo dejé. Entendí que la vida es un proceso de pérdida y ganancia, y que esto podría ser beneficioso para mí. He vivido en tantos sitios, he perdido tanto y he ganado aún más, que atesoro esas capas que están en mi corazón. He logrado transformar olores y recuerdos negativos en olores y recuerdos de esperanza. Antes de convertir el Pozo Agua Viva en mi misión, tenía una vida normal. Desde que llegué al Pozo, estoy muy ocupada. Dios me asignó una tarea especial de dar esperanza, consuelo, apoyo y recursos a todas las mujeres sin marido. Es como si Dios me hubiera dicho: *"Dile a esas mujeres que dejen de llorar gotas de dolor por hombres o por problemas. Diles que tengo mejores gotas de Agua Viva para ellas".* Yo he tomado este mandato muy en serio. Me dedico a llevar al Pozo a mujeres cuyas vidas y propósitos han sido destruidos, desviados, paralizados, retrasados o anulados como consecuencia por haber seguido a algún hombre, haber tomado una mala decisión o por algún suceso inesperado de la vida. A esas que tienen el corazón hecho pedazos, que sienten que mueren por amor, que lo han tratado todo, que viven recordando el pasado y que les avergüenza su presente. Al Pozo llevo mujeres que no saben cómo continuar sin el hombre que las abandonó, sin el esposo que murió, sin esa persona que las maltrata. Esas son mis mujeres favoritas porque reconozco el potencial que guardan dentro de ellas. Sé en lo que podrían convertirse cuando se les despierten los sentidos y aprendan a ser felices en su aldea.

Luego de este productivo e intenso día, llevé cada mujer hasta la puerta de sus casas. Algunas vivían en los suburbios, otras en las afueras de Promesa y dos de ellas vivían en el centro del pueblo. Una a una, fueron desalojando el bus. A algunas las esperaban familiares ansiosos por saber dónde y con quién habían estado el día entero. Otras al bajarse, miraban hacia el bus con nostalgia como queriendo regresar. Yo, Samari, callada y cansada observaba y escuchaba esa interacción. Finalmente, se bajó del bus la penúltima mujer. Un silencio súbito invadió una cabina que minutos antes estaba llena de algarabía. El bus casi vacío, frío y en silencio se desplazaba lentamente hacia el estacionamiento por las pintorescas calles de mi amada Promesa. Quedé sola en el bus con la Mujer #1, la que hizo el recorrido con este libro en su mano. Le tomé su otra mano, y bendije su vida. A ella le regalé las dos orquídeas rosadas que recogí en El Pedregal. A esta mujer especial, la regresé a la aldea de su corazón, hasta su Promesa. Allá donde ella vive, ama y sueña con un mejor porvenir. Al quedarme sola, elevé una oración al Dios del cielo para que tome en sus brazos a cada una de estas mujeres y las ayude a ser desde hoy y para siempre #mujeres del pozo para que nunca más tengan que sentirse solas.

90 GOTAS DEVOCIONALES

"Ustedes, los sabios e inteligentes,

escuchen lo que voy a decirles.

Así se harán más sabios

y ganarán experiencia".

Proverbios 1:5

Inventario de Vida

Deseo que luego de este recorrido por la aldea y a través de la lectura de estos devocionales cada mujer conozca y acepte su vida. Deben hacer un inventario de sus experiencias para identificar lo positivo y lo negativo de sus vidas. Con pesar veo muchas mujeres que van por la vida sin rumbo ni propósito pero cargadas de traumas y asuntos sin resolver. También he notado que muchas no han sabido identificar las áreas de sus vidas que las retrasan y las que deben impulsar. Mujeres, no ignoren, retrasen o menosprecien su propia vida. Mejor sería enfrentarla, mejorarla y disfrutarla. Si durante este ejercicio descubren que tienen algún trauma o situación delicada, busquen ayuda legal, profesional, psicológica o pastoral para resolverlo. Al final de este taller, tendrán aproximadamente 30 gotas limpias. También identificarán lo bueno del pasado (hojas verdes) y lo que desean para su futuro (semillas). Ahora es tu turno de elegir lo siguiente:

Gotas sucias- Las gotas sucias son experiencias, actitudes, elecciones y características negativas de tu pasado. Escoge 5 por cada área de la aldea.

¡Deséchalas!

Gotas limpias- Las gotas limpias son experiencias, actitudes, elecciones y características buenas de la vida. Escoge 5 por cada área de la aldea.

¡Consérvalas!

Hojas verdes- De tus experiencias en el bosque escoge varias hojas verdes que son cosas, personas, logros, etc. con un significado positivo en sus vidas.

¡Recíclalas!

Semillas- De tus experiencias escoger varias semillas las cuales guardarán para algún día sembrarlas en tierra fértil. Representan la esperanza para tu futuro.

¡Cuídalas!

Ejemplos de Gotas Limpias

Abstinencia	Abengación	Acción	Aceptación	Activismo
Agradecimiento	Alegría	Alineamiento	Amistad	Amnesia
Amor	Autenticidad	Buen Juicio	Buena Actitud	Calidad
Cambios	Capacitación	Carácter	Caridad	Colaboración
Compañerismo	Compañía	Compasión	Comprensión	Compromiso
Comunicación	Concentración	Confianza	Conocimiento	Cooperación
Cordialidad	Creatividad	Cultura	Curiosidad	Decisiones
Desprendimiento	Dignidad	Diligencia	Discernimiento	Diversidad
Dulzura	Eficiencia	Elecciones	Empatía	Enriquecimiento
Entrega	Equilibrio	Escudo	Esfuerzo	Ética
Excelencia	Éxito	Fe	Fidelidad	Flexibilidad
Fortaleza	Fuerza	Generosidad	Herencia	Honradez
Hospitalidad	Humildad	Influencias	Integridad	Inteligencia
Justicia	Liberación	Liderazgo	Limites	Madurez
Multiplicación	Nobleza	Nueva Vida	Obediencia	Oración
Organización	Originalidad	Perdón	Perseverancia	Positivismo
Prestigio	Prioridades	Prosperidad	Puntualidad	Pureza
Receptiva	Reconciliación	Rectitud	Reevaluación	Renovación
Resiliencia	Resistencia	Respeto	Restitución	Salud
Sanidad	Seguridad	Selectiva	Sensibilidad	Servicial
Sinceridad	Superación	Testimonio	Trabajo	Tradición
Unidad	Valentía	Vida	Visión	Vocación

Ejemplo de Gotas Sucias

Abandono	Acoso	Adicciones	Afán
Agotamiento	Aislamiento	Amargura	Ambición
Ambivalencia	Angustia	Ansiedad	Apariencias
Aprobación	Argumentos	Arrogancia	Avaricia
Burla	Caos	Celos	Comodidades
Complejos	Conflictos	Conformismo	Confrontación
Confusión	Coraje	Crueldad	Cuestionamiento
Culpa	Dependencia	Depresión	Desanimo
Desconfianza	Desengaño	Desilusión	Desobediencia
Desprecio	Dolor	Drama	Duda
Enemistad	Enfermedad	Engaños	Envidia
Excesos	Falsedad	Gritos	Hipocresía
Idolatría	Impulsividad	Incertidumbre	Indecisión
Inestabilidad	Inferioridad	Interés	Intimidación
Irresponsable	Libertinaje	Limitaciones	Lujuria
Malas Influencias	Maldición	Manipulación	Materialismo
Mediocridad	Mentiras	Miedo	Murmuración
Mutilación	Negación	Nostalgia	Odio
Odio	Opresión	Orgullo	Pecado
Peleas	Pérdidas	Pereza	Pesimismo
Pleitos	Preocupación	Prisa	Promiscuidad
Quejas	Rabietas	Rebeldía	Reclamos
Religiosidad	Rencor	Resentimiento	Rudeza
Soberbia	Soledad	Suicidio	Superstición
Traición	Trampas	Traumas	Vagancia
Vanidad	Venganza	Vergüenza	Vicios

Ejemplos de Hojas Verdes

Hijos	Educación	Logros
Reconocimientos	Posiciones sociales liderazgo	Trabajo, vocación
Talentos	Posesiones materiales	Viajes realizados
Amistades	Familia	Cultura

Ejemplos de Semillas

Desarrollo profesional	Mejorar unidad familiar	Conseguir pareja
Volver a casarse	Prosperidad	Viajar
Tener hijos	Estudiar una carrera	Emprender un negocio o proyecto
Ayudar a otros	Cuidar salud mental y emocional	Descubrir y desarrollar talentos
Disfrutar la vida	Mejorar nuestra alimentación	Desarrollar rutina ejercicio físico
Ser mejor madre	Dedicar tiempo a la familia	Organizar vida
Desarrollar pasatiempos	Cultivar la espiritualidad	Hacer nuevas amistades

GOTAS LIMPIAS PARADA 1

Les presento ahora las 10 gotas limpias y las 5 gotas sucias que recogí en el bosque. Estas gotas fueron diseñadas para hablarle directamente al corazón de cada participante, pero en especial al corazón de la Mujer #1. Cada gota va acompañada de un verso bíblico, busca y lee estas porciones bíblicas y permita que Dios hable a tu vida.

Aceptación

Isaías 54:4

La vergüenza es un sentimiento muy común que retrasa la restauración de una mujer. La vergüenza es lo que te hace sentir incómoda en tu propia piel. Es lo que hace que detestes tu pasado y hasta tu presente. Aunque tengas recursos, conocimientos, apoyo y ayuda, si no te aceptas como eres, te quedarás sin progresar en la vida. Dios quiere que tengas un corazón y una mente nueva, que dejes la vergüenza atrás, que comiences a aceptarte como eres y que disfrutes tu vida. Tendrás la oportunidad de hacer ajustes más adelante, pero por ahora, empieza por aceptarte como estás. Aprende que cada día tienes la posibilidad de hacer borrón y cuenta nueva, de dejar todo atrás y comenzar una vida nueva. Decide no vivir más en el pasado. Solo así empezarás a amar tu presente y a esperar feliz el futuro. Aceptarte te quitará el peso de encima de guardar tus propios secretos, de compararte con otras, de querer cambiar tu aspecto físico, de sentirte miserable. Aceptarte te liberará de la esclavitud de la crítica, la competencia y la insatisfacción. Eres única, no deberías parecerte a nadie más. Mujer, nadie te va a amar como tú misma. Hazte un favor, acéptate como eres. Ámate a ti primero.

Concentración

Filipenses 3:13

Quedarte estancada, desorientada y recordando el pasado no es una opción para tu vida. Tienes mucho por hacer, metas que cumplir y proyectos sin terminar. Mientras estás estancada lamentándote y viendo la vida pasar, estás desperdiciando el tiempo que Dios te dio para que lo usarás positivamente. El que se fue ya no está en tu plan. Y si ya no está en tu vida, tienes que dejarlo ir. Lo que ya no tienes, no te pertenece. No cuentes con eso. Pon tus ojos en la meta, no en lo que se quedó atrás. Anímate a ti misma y no esperes que venga alguien a animarte. No hagas del desánimo una costumbre. Debes concentrarte en tu presente para poder avanzar en la vida. Pídele a Dios que te muestre el camino que debes seguir, tus talentos y tus propósitos. No permitas que nada ni nadie te arruinen, desvíen u oculten los maravillosos planes que Dios tiene para ti.

Positivismo

Romanos 8:28

Tal vez esta no sea la mejor etapa de tu vida ya que tienes múltiples preocupaciones, anhelos y penas. Debes entender que vivir en sombras no es parte del plan de Dios para ti. Estas circunstancias de hoy no son permanentes. Hoy comienza a creerle a Dios sus promesas para ti, mañana haz lo mismo, y así irá aumentando tu fe. Poco a poco todo irá mejorando, hasta que un día vuelvas a sentirte con propósito. Renuncia a ser quejosa, envidiosa y pesimista, a la vez que mantienes una buena actitud. No confrontes a Dios a ver "cuándo por fin" va a ayudarte. Hacer berrinches a la salida del bosque te empuja hacia adentro. Saca de tu vida frases como *"Yo fui", "Yo tenía", "Antes yo", "Nosotros éramos"* y cosas por el estilo. Mejor habla de tu presente y de aquellas cosas que todavía puedes usar en tu vida. Rodéate de gente positiva, huye de los que hablan de calamidad o creen que el futuro es para esperar lo peor. Confía en el que conoce tu plan: Dios.

Fortaleza

Éxodo 14:13

Sé que a veces se te acaban las fuerzas. Sientes que ya no puedes continuar y buscas alguna razón para no rendirte una vez más. Debes saber que hay alguien que pelea las batallas por ti. Él tiene su armamento listo para defenderte y rescatarte. Las batallas no son las situaciones normales y difíciles que enfrentamos en el diario vivir. Una batalla es una situación adversa de grandes proporciones. Son esas cosas en la vida que no puedes solucionar tú sola, por más que trates. Por ejemplo, cuando sufres una grave enfermedad o cuando alguien trama hacerte daño. Dios solo te pide que te quedes quieta confiando en que Él te dará la victoria. Cuando dejas a Dios a cargo de tu batalla, puedes estar segura de que saldrás victoriosa. Frases relacionadas a no tener miedo aparecen en la Biblia cientos de veces. Eso es muestra de que Dios quiere que tengamos menos miedo y más confianza en Él. Si ya has tratado todo y nada mejora, es porque esa batalla le pertenece a Dios y no a ti. Batalla tú menos y confía más en Dios. Salir del bosque no es para mujeres sin carácter, sino que requiere mucha fortaleza. No debes apoyarte en nadie ni en nada, solo en Dios. La fortaleza que necesitas para superarte está dentro de ti. Esfuérzate para cambiar tu vida.

Testimonio

Lucas 8:39

Cuando miras atrás, ves de dónde vienes y hacia dónde vas, tal vez tengas sentimientos encontrados. Tal vez sientas nostalgia por los que ya no están, o agradecimiento por todo lo que tienes. No puedes cambiar el pasado, debes aceptarlo y convertirlo en tu historia que es tu testimonio. Los testimonios no tienen que ser vergonzosos. No ocultes tu pasado, úsalo a tu favor. Sé libre de aceptar lo que viviste y compártelo con otros. Al hacer esto, tú tienes el control de tu pasado y nadie puede chantajearte, controlarte, hacerte sentir mal o avergonzarte por algo que ya no es un secreto. Tu testimonio te dará libertad y credibilidad. No trates de esconder la historia que ya todo el mundo sabe o se imagina sobre ti. Mejor da tu versión que es la verdadera. Anímate y cuéntales a los demás de donde Dios te rescató.

Amnesia

Isaías 43:18-19

Olvidar requiere intención, esfuerzo y determinación. Deja enganchados en el bosque: el odio, la vergüenza, los deseos de vengarte y todos los malos recuerdos. Pídele a Dios que te regale un corazón nuevo, capaz de recordar lo bueno y bloquear los malos recuerdos. Cuando te llegue a la memoria algún suceso melancólico, triste o bochornoso de tu pasado, debes bloquearlo inmediatamente. Ten un plan de acción preparado para contrarrestar los días cuando la nostalgia quiera visitarte, para cuando el pasado aparezca a asustarte como una sombra y para transformar los recuerdos que te llenan de melancolía. Mujer, Dios está haciendo algo en tu presente. Cuida tu mente y tu corazón. Practica la amnesia selectiva, escoge con que recuerdos te quedas. Vive tu presente y sueña con un mejor futuro.

Restitución

Isaías 61:7

Dios es capaz de restituirte el tiempo y las cosas materiales que crees haber perdido. No hay tiempo perdido delante de Dios. Lo que pasa es que tú no sabes el plan de Dios para ti, y no entiendes cómo y dónde tus vivencias encajan en ese plan. Tal vez te parece que has perdido el tiempo porque no sabes que eso que aprendiste lo vas a necesitar más adelante. Abre tu entendimiento y busca lo mejor en cada cosa que te sucede. Te aseguro que todas esas cosas que creías malas te serán de provecho y de bendición al estar alineada con el plan de Dios y al dejar de ir en contra de la corriente. Mañana serás mejor que hoy, gracias a las cosas que ayer enfrentaste y superaste. Cada relación que fracasó te será restituida. Cada cosa que perdiste te será devuelta. Créelo y lo verás. Algún día volverás a tener las cosas que creías perdidas. Tal vez no se te devolverá lo mismo, pero sí podría ser el doble.

Curiosidad

1 Corintios 2:10-11

Es conveniente crear una capacidad de examinar, clasificar y reconocer. Es como una curiosidad por analizarse y escudriñarse el corazón. A través de esto puedes escoger lo que te conviene y descartar lo que no te conviene. Aplica para el presente y el pasado también. Esto no se hace para recordar deliberadamente el pasado sino para preguntarse por qué, para qué lo hice. Te analizas para aprender de los errores y para no volver a repetirlos. Aunque queremos olvidar lo malo, tenemos que guardar en la memoria eso que fue muy perjudicial y que te va a evitar tener que pasar por ese mismo camino otra vez. Esta curiosidad es lo que te permite ser más sabia. También te ayuda a averiguar y analizar las decisiones del presente. Así esta vez, podrás tomar una ruta alterna.

Sinceridad

Salmos 51:10

Cuando pensamos en sinceridad, pensamos en ser honestas y puras con los demás. Hasta nos jactamos de ser sinceras. Eso es muy importante, pero ser sincera contigo misma es imprescindible. Debes aprender a mirarte desde afuera, como si fueras otra persona. Así lograrás verte como otros te ven o como tú te ves ante otras personas. Te verás de manera imparcial, sin engaños, ni remordimientos. Desde afuera, puedes ser sincera y criticarte positivamente. Tendrás la oportunidad de mirar con toda sinceridad quién eres tú en realidad. Mujer, hazte un favor, debes sincerarte contigo misma, conócete y acepta lo que eres. Y entonces, manos a la obra. Tienes mucho que hacer con tu vida ya que siempre hay espacio para mejorar. Además, Dios todavía tiene mucho que hacer contigo.

Elecciones

1 Corintios 10:23

Sí, eres libre de hacer lo que quieras, pero eso no quiere decir que te conviene hacerlo. Llega un momento en la vida en que hay que decir: *"Basta ya, esa fue la última gota. La última gota de necedad y mala decisión que tomo en mi vida".* Si algo parece demasiado fácil, bonito y rápido es probable que te vaya a causar problemas. Anda con cautela y aprende a elegir mejor. Esto aplica para escoger pareja, para tomar decisiones laborales o financieras, etc. No actúes como una mujer caprichosa, de esas que dicen ser dueñas de sus vidas y que creen que les es permitida cualquier cosa porque ya son adultas. Aprende a seleccionar, entre todo lo que se te presente, solo aquello que tiene el potencial de bendecir tu vida. El resto, deberías rechazarlo. Quédate con las cosas indispensables en tu vida, tus hijos, tus logros, tu educación y tu fe. Cargar con el resto es opcional.

GOTAS SUCIAS PARADA 1

Dolor

Salmos 30:5

Tal vez estás cansada de tanto llorar. Puede ser que lleves tanto tiempo sufriendo que piensas que ser infeliz es un estado permanente en tu vida. Pronto sabrás que esas lágrimas son temporeras y que más pronto de lo que crees, sanarás ese dolor y podrás ver más allá de estas circunstancias. Esas lágrimas son como una "tela" que no te deja ver lo bueno del presente, y te empaña la visión del camino que te conduce al futuro. Cambia esas lágrimas excesivas de resignación, culpa, frustración y fracaso por un clamor a Dios. Luego, sécate las lágrimas y enfócate. No verás claramente mientras sigas llorando en exceso. Mujer, mira siempre hacia adelante, con los ojos claros y bien abiertos, no sea que por estar llorando se te escapen las bendiciones.

Nostalgia

Proverbios 25:20

Si tienes una herida recién abierta y sangrante, de seguro no desearás echarle un poco de vinagre. El vinagre hará que te duela más, que el dolor sea insoportable y pudiera ser que empeore la condición de la herida. Lo mismo sucede con los males, las heridas y las desgarraduras del corazón. Mientras están abiertas y sangrantes, no deberías echarles vinagre. Vinagre son cosas como música melancólica, sentarte a entretener recuerdos felices del pasado, o tratar de averiguar cómo le va al que ya no está contigo. Cuida tu corazón.

Venganza

3 Juan 1:2

Deséale bien al que te abandonó, despreció, humilló o maltrató. Desearle mal al prójimo no aporta nada a tu vida. Aún si esa persona que te hizo daño es infeliz, tú no ganas nada con eso. Mejor haz un esfuerzo por desearle que le vaya bien. Confía en que a ti te irá aún mejor. Mientras tramas como vengarte estás desperdiciando tiempo, esfuerzos y recursos que podrías usar para planificar tu vida. Resiste la tentación de vivir espiando información sobre como le va a esa persona que te hizo daño. Déjale el juicio a Dios, tu procura ser feliz.

Desilusión

Salmo 55:6-8

Tal vez la desilusión es tanta, que te ha hecho sentir ganas de escapar como hacen las palomas para no dejarse atrapar, buscar su alimento o remontarse a las alturas. Algunos días solo te queda añorar tener alas para volar alto adonde nadie te pueda alcanzar. Alas para taparte de la vergüenza. Alas para alzar vuelo y sentir libertad. Alas para irte a otro lugar adonde puedas soñar. Alas para escaparte a un lugar seguro. Dios quiere mostrarte ese lugar perfecto, que es en su presencia. Es un lugar que puedes visitar en tu mente y tu corazón, y donde tu alma hallará paz. Aunque estés rodeada de niños gritando, aunque no tengas dinero para pagar el alquiler, aunque tu vida parezca un desastre, aunque el mundo entero esté en crisis, ya sabes a dónde volar para encontrar un lugar tranquilo.

Vergüenza

Lucas 8:1-3

Bendito Dios que tiene en tan alta estima a la mujer. Él ama y recibe a todas las mujeres. Incluso, se rodeaba de ellas (lea en la Biblia sobre María Magdalena) A las buenas, las hace mejores, y a las pecadoras les da una nueva vida. No permitas que nadie te recuerde tu pasado. Quien hace eso quiere verte humillada y atada. Tú ya eres libre. Vive como tal. Convierte tu pasado en tu testimonio; así te desatarás de tu condena. Dios me liberó y yo acepté esa libertad, y tú, ¿qué esperas?

Escribe a continuación tu selección de gotas, hojas y semillas en el bosque. (Ver ejemplos al final del libro) En la sección de gotas sucias, anota como se bendecirá tu vida al deshacerse de esa gota.

Anímate mujer,

¡toma un tiempo para

analizar tu vida y tu pasado!

Te será muy útil.

GOTAS LIMPIAS

1. _____
2. _____
3. _____
4. _____
5. _____

GOTAS SUCIAS

1. _____
2. _____
3. _____
4. _____
5. _____

HOJAS VERDES

1._____

2._____

3._____

4._____

5._____

**Advertencia: Estas semillas
germinarán al encontrar tierra fértil**

SEMILLAS

1._____

2._____

3._____

4._____

5._____

GOTAS LIMPIAS PARADA 2

Les presento ahora las 10 gotas limpias y las 5 gotas sucias que recogí en el mercado. Estas gotas fueron diseñadas para hablarle directamente al corazón de cada participante, pero en especial al corazón de la Mujer #1. Cada gota va acompañada de un verso bíblico, busca y lee estas porciones bíblicas y permita que Dios hable a tu vida.

Humildad

Hebreos 13:5

Haz memoria de las formas en que has sobrevivido hasta hoy. Sé que tienes historias milagrosas de cómo Dios ha provisto para ti y para tu familia. Ahora es cuando entiendes algo que siempre fue cierto. Dios es tu proveedor, no era el esposo o el que ya no está a tu lado. Tampoco eran tus padres. Era Dios quien te sostenía y quien te sostiene. Mujer, confía y pídele a Dios sabiduría. Pero pide, busca y comparte con humildad. Lo que tenemos es porque Dios nos lo da. Cuando pedimos humildemente, Dios nos sorprende y nos da más de lo que podemos imaginar.

Cultura

Salmos 19:12

Sin darnos cuenta, podríamos perpetuar miseria en nuestras familias. La cultura es lo que nos identifica como personas e incluso lo que comemos. También con la cultura arrastramos ideas, creencias y costumbres que no nos hacen bien, no son adecuadas y nos atan a errores del pasado. Desecha, cambia o mejora cualquier cosa de tu cultura que vaya en contra de tus propias conclusiones de lo que Dios quiere para tu vida. Escoge y conserva lo mejor de tu cultura, de lo que aprendiste en tu casa, en tu país y en tu escuela. Por muy modernas que seamos actualmente, no dejes de conocer la cultura de tus antepasados. Son esas cosas básicas que ellos conocían sobre la vida y sobrevivencia lo que podrían hacer una diferencia en tu vida. Pregunta, indaga y conoce tu cultura antes de que no tengas a quién preguntarle, o perderás para siempre su sabiduría. Quédate con lo bueno, cambia lo malo.

Creatividad

2 Reyes 4:7

Cuando todo escasee o se te acabe, confía en tu creatividad. Bastará con que confíes en Dios y mires a tu alrededor, y tendrás lo que necesitas. Harás algo excelente con cosas que los demás desechan. Las mujeres sin marido son expertas en creatividad. No es lo mismo ser creativa por gusto, que ser creativa por necesidad. Esta es una destreza especial que se desarrolla en la adversidad mientras vives la realidad. Es entonces cuando usas tus recursos al máximo, cuando aprecias lo que tienes en vez de mirar lo que te falta. Es entonces cuando haces maravillas con lo que aparece y nadie se percata de que algo te hace falta. Es una mezcla de creatividad, destrezas y confianza en Dios que te hacen deslumbrar aún en la peor de las crisis. La creatividad es una gracia especial que Dios nos regala para enseñarnos una vez más que, a pesar de las crisis y la escasez, Él está de nuestro lado.

Perseverancia

Santiago 1:12

Lo mejor de las crisis y los procesos es que tienen fecha de expiración. Es una bendición saber que ya pronto llegará un auxilio. Rendirse nunca es una opción y resulta peor cuando te rindes demasiado rápido. Las crisis no son la normalidad de tu vida; son periodos que te fortalecen. Ser perseverante significa que seguirás tratando de mejorar como persona, prosperando, sobreviviendo, aunque se te presenten situaciones adversas. Lo superarás todo.

Flexibilidad

Filipenses 4:12

Entiendo que es difícil aceptar los procesos que te ha tocado vivir. Es duro tener que ajustar un previo estilo de vida o aprender a vivir con limitaciones. También es difícil ajustarse a los cambios de agenda, de planes y de vida a los cuales nos enfrentamos con frecuencia. Tal vez vivías en una rutina muy apacible y cómoda, y de momento, vives una vida de caos. Mujer, sé flexible contigo misma. Date espacio y una oportunidad de ajustarte a una nueva vida, un nuevo trabajo o cualquier cosa que sea nueva para ti. Aprende a vivir feliz en cualquier circunstancia. La vida se compone de cambios y ajustes. Estamos en un proceso continuo de desarrollo. Sé feliz con lo que tengas a la mano. Regocíjate cuando lo tienes todo. Sigue luchando con una sonrisa cuando no te quede nada.

Resistencia

Isaías 40:29-31

Debes saber que en las pruebas y dificultades de la vida adquieres resistencia. Con el pasar del tiempo descubres que no eres más una frágil ave desplumada que se derrota por cualquier cosa, sino una mujer firme, fuerte y resistente como una verdadera águila que domina las alturas. Ahora eres una mujer a prueba de cualquier cosa. Reconoces que eres mejor mujer de lo que pensabas, y que ya nada ni nadie te podrá volver a dañar. No te sientas mal si le has reclamado a Dios que no tienes fuerzas para continuar. Muchos quieren tu atención en la casa, en la iglesia, en el trabajo, en el hogar, e incluso las amistades. A veces las fuerzas te abandonan. El único que te puede renovar las fuerzas es Dios. Tú puedes poner de tu parte alimentándote bien, cuidando tu salud física y protegiendo tu salud mental. Toma tiempo para descansar tu mente y tu cuerpo. Reclama tu tiempo. Organiza tu vida. Resistirás cualquier prueba que se te presente.

Eficiencia

Génesis 43:11-12

No basta con conseguir lo que necesitas, si cuando lo recibes lo desperdicias o no sabes cómo usarlo apropiadamente. Usa al máximo los recursos que tengas y planifica como usarlos eficientemente. Esta destreza te permite saciar tu necesidad presente y prepararte para el futuro. Usa con eficiencia uno de los mejores recursos que tienes, que es tu tiempo. No pierdas tiempo y energía en relaciones, tareas y cosas que no son productivas. Compara, escoge y escudriña para sacar lo mejor de cada situación. Si algo no te conviene, no lo aceptes en tu vida, cámbialo o busca más alternativas. Procura siempre lo mejor para tu familia.

Prosperidad

Isaías 61:7

Tal vez has sufrido el doble o más de lo que te merecías. Sé que te parece injusto lo que te ha tocado enfrentar en la vida. A ratos buscas las razones por las cuales has tenido que pasar por todas estas circunstancias. Parece que estás estancada en el lodo y que no progresas. Pero eso no es cierto. Tú también serás prosperada. Mañana verás más bondades y más provisión de parte de Dios. La prosperidad es mucho más que posesiones. Puede ser que en este momento estés progresando en la vida, aunque parezca que estás perdiendo. Solo tienes que confiar y esperar. A veces, perdiendo se gana porque algunas pérdidas te hacen próspera y te dan nuevas oportunidades. No te desenfoques de la eternidad de tu vida. Esta no es solo este momento. Fuiste creada para ser prosperada por la eternidad. Dios no tan solo puede hacer que progreses en gran medida, sino que te puede conceder los deseos de tu corazón.

Caridad

2 Corintios 9:10-13

Todo le pertenece a Dios. Creemos que somos dueños de cosas, pero en cualquier momento las podemos perder. Aunque se tenga mucho o poco, es importante compartir con los demás. Cuando recibes y compartes, esa bendición o recurso se multiplica. En tiempos de escasez se puede demostrar caridad aportando de nuestros talentos y tiempo. Ayuda a alguien, aunque a la vez estés pidiendo ayuda.

Honradez

Romanos 2:21

Que tus acciones sean de corazón, no de boca. Así tus hijos aprenderán de ti sobre la honradez. Sé honrada en lo pequeño para que lo apliques en lo grande. El fin no justifica los medios. No importa lo que estés pasando, no se vale robar ni tomar lo que no nos pertenece. No justifiques actos ilegales, maliciosos o deshonestos en el nombre de la necesidad. Ser honrada requiere de una confianza especial en Dios. Es hacer lo correcto, aunque no recibas lo que necesitas. Es dejar pasar una oportunidad porque va en contra de tus convicciones.

GOTAS SUCIAS PARADA 2

Avaricia

Eclesiastés 5:10-11

Te conviertes en una mujer avara cuando deseas tener más y más, aunque no necesites nada. Cuando dejas que el dinero controle tu vida, eres esclava de tus propias exigencias y gustos. Es seguro que nada de lo que puedas ponerte, comprarte o exhibir te puede comprar la felicidad. No confundas el progreso material con la felicidad.

Afán

Filipenses 4:19

Las preocupaciones pueden ser muchas al tratar de proveer lo necesario para tu familia. Pero no debes olvidar que Dios nos promete muchas veces en la Biblia que Él nos va a proveer. Al saber esto, es de sabias mantenerse alerta y en oración para recibir las bendiciones que Dios nos quiere dar. Sucede que a veces las bendiciones no llegan en la forma en que creemos que van a llegar. Así que debes estar alerta para que no se te escape ninguna bendición.

Quejas

Job 10:1-2

Quejarse con moderación tiene un efecto libertador. Sientes que por fin alguien te escucha y se interesa por ti. Te sacas del pecho lo que te molesta y eso te hace sentir mejor. Pero quejarse en exceso no te ayuda en nada. Vivir quejándote de todo, no te deja ver lo bueno que está pasando en tu vida. Tan solo alejarás personas que podrían ser de bendición para ti. Modifica tu vocabulario y no uses palabras de maldición y calamidad. Empieza a creer que serás bendecida y habla sobre la esperanza de lo que está por venir. Cuando sientas que debes desahogarte, hazlo con personas de tu entera confianza, y nunca con desconocidos.

Pesimismo

Salmos 37:25

Vivimos en un mundo lleno de estrés, negativismo, competencia, envidia y materialismo. Eso abunda y sobran las personas que no aportan nada en nuestras vidas, pero que insisten en estar cerca para ayudar a moldearnos el carácter. Hoy te exhorto a hacer un ejercicio muy peculiar. Cuando alguien se te acerque con una de estas actitudes negativas, tú le vas a decir: *"Yo le creo a Dios. Eso que dices no me aplica".* Siempre hay voces disponibles para recordarte porqué no puedes lograr algo, para decirte lo que falta, y lo negativo de las situaciones que enfrentas. Nos faltan las voces de ánimo y apoyo. Ese apoyo lo encuentras en Dios, el único que te va a cumplir lo que te prometió. Toma la decisión de creerle a Dios y desecha en su nombre toda maldición, pesimismo y derrota que cualquiera declare sobre ti.

Comodidades

Deuteronomio 29:5-6

Vivir cómodamente es algo muy relativo. Lo que para una mujer es un lujo, para otra es una miseria. Algunas, mientras cruzan el desierto de sus procesos de vida, van maquilladas y en tacones. Otras van sencillas y en chancletas. Pero todas van por el mismo camino. Cada cual elige cómo enfrenta la adversidad. Cuando pasamos por cambios en la vida, extrañamos lo que perdimos. Añoramos nuestras comodidades y pasados estilos de vida. Es tan solo un período de ajuste. Volverás a prosperar. Dios ya te recompensará.

Escribe a continuación tu selección de gotas en el mercado.

En la sección de gotas sucias, anota como se bendecirá tu vida al deshacerse de esa gota.

GOTAS LIMPIAS

1. _____

2. _____

3. _____

4. _____

5. _____

GOTAS SUCIAS

1. _____

2. _____

3. _____

4. _____

5. _____

GOTAS LIMPIAS PARADA 3

Les presento ahora las 10 gotas limpias y las 5 gotas sucias que recogí en el hogar. Estas gotas fueron diseñadas para hablarle directamente al corazón de cada participante, pero en especial al corazón de la Mujer #1. Cada gota va acompañada de un verso bíblico, busca y lee estas porciones bíblicas y permita que Dios hable a tu vida.

Hospitalidad

2 Reyes 4:9-10

Tu casa no es tan solo el sitio donde duermes. Puede ser un centro de bendición para otras personas, además de tu familia y desde el cual puedes:

- •Compartir tu comida.

- •Acoger un grupo de oración en tu casa.

- •Recibir a una amiga que necesite una palabra de aliento.

- •Usar tu casa para almacenar algo que beneficia a otros.

- •Compartir tu cosecha, tu ropa, tus zapatos con alguien que los necesite.

A la vez que haces esto, sé cautelosa con las personas que se acercan con malas intenciones. No tengas miedo de sacar de tu casa o retirarle la confianza a alguien que te hace daño o te roba la bendición. Trae a tu casa tan solo a gente que te inspire confianza.

Prioridades

Lucas 10:38-42

Es difícil definir cuáles son nuestras prioridades. La realidad es que nos engañamos con este asunto de qué es más importante. La vida misma nos hace contradecirnos. Es como cuando dices que tu casa y tu familia son lo más importante, pero tu jefe no opina lo mismo. Si no te presentas a trabajar, te podrías quedar sin trabajo, lo que perjudicaría lo que es la prioridad de tu vida. Es como un círculo vicioso de necesidad, convicción y culpa. Esto es especialmente cierto para las mujeres que manejan sus casas sin la ayuda de una pareja. Por otro lado, debes cuidar tu salud mental y física, pero careces de tiempo y dinero para hacerlo. No quiero crearte falsas expectativas. Priorizar es una de las cosas más difíciles que las mujeres deben hacer. Define lo que es importante para ti, usa una agenda, planifica y comparte tu tiempo juiciosamente. Al organizar tu vida, se te hará más fácil darle prioridad a lo importante.

Legado

Josué 24:15

Tú decides cual es el legado que recibes de tu familia. Igual decides lo que le vas a dejar como legado a tus hijos. Tu hogar es tu hogar, no es una continuación de la casa de tus padres. Aquí tú pones las reglas, tienes el control y decides cómo quieres que se te recuerde. No repitas las cosas feas que aprendiste. Repite y mejora las cosas buenas que te han dejado como legado. No perpetúes maldiciones, tradiciones y costumbres, tan solo porque siempre han pertenecido a tu familia. Crea tus propias tradiciones con tus hijos, las cuales ellos pasarán a sus hijos. Rajab, Rut, Betsabé y Tamar eran mujeres como tú y yo, con defectos y virtudes. A ellas Dios las usó para su obra y se mencionan como parte de la familia de Jesús en Mateo 1. Decide dejarle un legado honroso a tu familia.

Alegría

Proverbios 17:22

Haz un esfuerzo por sacar la pena de tu cuerpo y de tu alma. Es normal sufrir un poco, somos humanas y tenemos sentimientos. Otra cosa es someter nuestros cuerpos a una pena, dolor y agonía constantes. Llega el momento en que tienes que dejar de llorar y lamentarte, y empezar a avanzar. Llorar y avanzar a la vez es posible, pero no es lo que Dios desea para ti. A veces la cultura nos dicta que para ser mujeres buenas debemos ser sufridas y sometidas. Eso no es cierto. Hay que buscar alternativas para ser feliz. Si crees que esa tristeza que tienes sobrepasa tus límites, busca ayuda profesional.

Liderazgo

Salmos 68: 5-6

Es posible tener una bella familia, aunque no cumpla con la definición que la sociedad les da a las familias tradicionales. Una mujer es muy capaz, con la ayuda de Dios, de ejercer autoridad sobre su casa y su familia donde un padre o esposo está ausente. Esto incluye a las mujeres que, aún siendo casadas, son las que lideran el hogar por falta de compromiso e iniciativa de parte del marido considerado "invisible". Con lo que te quedó después de los cambios en tu vida, Dios puede restaurar tu hogar. No escuches, creas ni aceptes, opiniones de gente que no sabe lo que es enfrentar la vida sola. Esos son generalmente los que pronostican calamidad y ruina sobre las familias de las mujeres sin marido. Dios está en desacuerdo con eso. A través de la Biblia, se nos presentan relatos de mujeres sin marido que fueron protegidas y bendecidas por Dios. Confía y aférrate a las promesas de Dios para tu vida. Las promesas son para todas las mujeres, no para un grupo selecto.

Límites

Job 38:10-11

Dios le puso límites al mar y cerró con llaves sus compuertas. Aprende tú también a poner límites a los que quieren dominar tu vida. Deja claro que, en tu casa, tú estás a cargo, para que nadie asuma tus roles incluyendo tus hijos, tus padres o los novios que quieren llegar a tomar control de tu casa. Pon límites sobre a quién recibes en tu casa y cuáles actividades permites. Ora por sabiduría y discernimiento para tomar las mejores decisiones por el bien de tu familia. Pon tus reglas y exige disciplina. Aunque haya resistencia, te ganarás el respeto de quienes te rodean.

Seguridad

Efesios 6:11-18

Vive en constante comunicación con Dios, y clama por su protección física y espiritual de día y de noche. Nadie sale a la guerra sin preparación, protección y municiones. Los versos bíblicos sobre la armadura de Dios son muy apropiados para que una mujer sin marido sienta que Dios es quien la protege y la guarda de todo mal. Lea también el Salmo 91. Mantenga una actitud de alerta para prevenir posibles peligros en tu familia. Prepara un plan con tu familia para un caso de emergencia. Muchas mujeres se sienten inadecuadas para proteger su casa, ya que esa era la tarea del esposo, o tienen inseguridades sobre su capacidad física para protegerse en caso de una emergencia. Protege tu casa de intrusos, incluso considera aprender defensa personal. Pon primero tu confianza en que Dios está protegiendo tu casa 24 horas al día, y también toma medidas físicas para proteger tu propiedad y a los que viven en ella. No pongas a tu familia en riesgo por ignorancia. Desconfía de extraños y de allegados también. Debo repetirte una y otra vez que tengas cuidado de a quién traes a tu casa y a quién le confías a tus hijos. No todos los familiares son buenos y no todos los extraños son malos. Usa tu buen juicio. Nunca confíes demasiado.

Buen juicio

Proverbios 14:1

Una mujer juiciosa se distingue de las demás por el manejo apropiado de su casa y de su vida. Si tu hogar está organizado y todo marcha bien, probablemente es porque trabajas duro para lograrlo. He visto mujeres juiciosas de todas las edades y mujeres necias de todas las edades también. La edad no es sinónimo de madurez o buen juicio. Las mujeres faltan a su buen juicio cuando toman decisiones a la ligera, aceptan a cualquiera en su casa, demuestran que tienen un hijo favorito, crean contiendas entre los hermanos, se vuelven ciegas de amor, malgastan el dinero, no protegen de abuso a sus hijos, no se respetan a ellas mismas ni a su cuerpo. Tener buen juicio es tomar las mejores decisiones para ti y para tu familia.

Compañía

Cantares 3:1-2

Nunca estamos solas; siempre hay alguien con quien podemos contar. Solo tienes que identificar el tipo de compañía que deseas y para qué la deseas. Los hijos, las amigas, la familia y las parejas son compañía. Sé que muchas mujeres desean compañía sentimental pues no es lo mismo imaginarse una vida sola, que vivirla. Es fácil dar consejos a las mujeres solas cuando el que los da, vive y duerme acompañado. Duros son los procesos de perder, anhelar y encontrar compañía. Los días se hacen largos y pesados. La soledad duele. Al principio de un divorcio, viudez o separación, tienes que soportar el dolor de extrañar al que ya no está. Luego, cuando lo superas, empiezas a anhelar tener a alguien a tu lado. Ese dolor inicial pasa a ser una espera, para algunas mujeres el tiempo es corto. Para otras mujeres, la espera es larga y para muchas, será una espera interminable del que nunca llega. Hoy quiero que sepas que vivir en pareja no es la única opción que es buena para ti. La soledad es una oportunidad para encontrarte a ti misma, conocerte, complacerte, crecer espiritualmente, renovarte y hacer cosas nuevas. Es una nueva oportunidad para ser feliz. No busques compañía tan solo por no enfrentar la soledad. Sé feliz ahora.

Organización

Mateo 7:24

Muchas mujeres sueñan con un hogar estable y organizado. No debería ser un sueño, sino una necesidad. Es imposible manejar eficientemente una casa desorganizada ya que las bendiciones se opacan con el caos del diario vivir. Mantén tu casa en orden y limpia. Pide ayuda a los que viven contigo e insiste en repartir las tareas. Si tu ropa, alacena, nevera, armarios y documentos están organizados, tu mente estará organizada. Planifica tu semana con antelación, incluyendo las comidas que vas a preparar, los compromisos y citas. No seas ociosa ni pospongas las tareas del hogar. Que tu casa sea el reflejo de tu estado emocional. Si la líder de la casa está mal ubicada, todo el mundo la seguirá a ella, y la casa será un caos. Construye tu casa de forma que no haya crisis ni tormenta que la derrumbe.

GOTAS SUCIAS PARADA 3

Traumas

Ezequiel 18:2-4

Muchas mujeres cargan en sus vidas con pesadas hojas secas que las acompañan a todas partes. Casi todas estas hojas son traumas que ellas deben mantener en secreto, lo cual complica la situación. La Biblia no apoya la idea de una mujer debe soportar maltrato de ningún tipo; tampoco dice que tenemos que arrastrar con culpas y maldiciones de nuestras familias. Libérate de todo lo que no te hace bien. Busca ayuda profesional para superar tus traumas, obsesiones y miedos.

Dependencia

Salmos 91:12-13

Mujer, te invito a orar para que Dios te salve de las garras de lo que te hace dependiente ya sea una relación, un vicio, un hábito o cualquier cosa que se interponga en que tengas una vida bendecida, sana y feliz. *"Señor, gracias por poner una barrera entre lo malo que me hacía daño y yo. Me ha tomado tiempo entender de dónde me sacaste y por qué lo hiciste. Antes yo caminaba hacia la boca del león, aún sabiendo que eso me iba a hacer daño. Pero tú, Señor me reprendiste, me salvaste, cerraste la boca del león y pusiste una barrera que me protege. Ahora estoy a salvo. Ya no tengo miedo. Eso ya no puede dañarme. Dios me apartó. Estoy protegida. Gracias, Dios, por tu reprensión. No volveré jamás a caminar hacia la boca de un león".*

Desconfianza

Números 23:19

Cambia tu desconfianza por confianza en Dios. Échale un segundo vistazo a los grandes fracasos, humillaciones, rechazos, decepciones y desplantes que has sufrido en la vida. Piensa en esas situaciones y en la gente que te ha ayudado a sentirte en el suelo, triste y sin esperanza. Recuerda solo por un momento a los que te abandonaron, cambiaron de opinión, a los que te dijeron que valías poco, que nunca saldrías adelante o que no tenías lo que se requería para triunfar. Tendrás que tomar una decisión. Vas a seguir creyendo y escuchando estos comentarios falsos o vas a creerle y escuchar a Dios. Cuando alguien te rechace, permanece tranquila porque debes saber que el único que no dice mentira, ni cambia de opinión y cumple lo que promete es Dios. A esos que te humillan, Dios les dará una lección de humildad. Confía en Dios.

Caos

Éxodo 18:18

Las mujeres intentamos demasiadas cosas a la vez tratando de cumplir múltiples roles. Pero somos solo mujeres, no súper heroínas. Nos desgastamos física y emocionalmente. Hay que aprender a decir "no" sin sentir culpa. Hay que aprender a aceptar cuando algo no sale perfecto. Está bien que falles. Eres humana. De ese caos levántate, organízate y trata una vez más. No tienes que ser perfecta. Haz lo mejor que puedas.

Malas influencias

Job 14: 7-9

Tal vez te sientes incompleta o sin valor, como un árbol al que malas influencias le cortaron las ramas o lo arrancaron de raíz. Estas circunstancias no serán eternas. Confía en que Dios te va a hacer retoñar, sin importar el tiempo que lleves en el suelo. Dice la Biblia en Job 14:9 (NTV) que *"echará nuevos brotes como un árbol recién plantado".* Mujer, te saldrán nuevas ramas, nuevas hojas y se renovará tu raíz. Empieza a creer antes de verlo. Aléjate de la gente que no te ayuda a ser mejor persona.

Escribe a continuación tu selección de gotas en el hogar.

En la sección de gotas sucias, anota como se bendecirá tu vida al deshacerse de esa gota.

GOTAS LIMPIAS

1. _____

2. _____

3. _____

4. _____

5. _____

GOTAS SUCIAS

1. _____

2. _____

3. _____

4. _____

5. _____

GOTAS LIMPIAS PARADA 4

Les presento ahora las 10 gotas limpias y las 5 gotas sucias que recogí en el Centro del Pueblo. Estas gotas fueron diseñadas para hablarle directamente al corazón de cada participante, pero en especial al corazón de la Mujer #1. Cada gota va acompañada de un verso bíblico, busca y lee estas porciones bíblicas y permita que Dios hable a tu vida.

Empatía

Mateo 7:12

A veces creemos que somos las únicas que tenemos contratiempos en la vida. Tomamos como una emergencia las situaciones triviales del diario vivir. De vez en cuando sería bueno ponerse en el lugar de los demás para entender cómo se sienten. Es probable que algunas personas no te han demostrado empatía. Sé diferente, trata de sentir empatía por otras mujeres como tú y por las que son diferentes a ti. Trata bien a otros aunque no entiendas sus circunstancias.

Selectividad

1 Corintios 15:33

La relación más importante de tu vida es con Dios. Esa relación nunca va a fracasar. Por si algún día Dios te da otra oportunidad de tener una relación con otra pareja, ve preparando tu corazón y tu mente. Después de haber tenido a Dios por "esposo", no vas a unirte a cualquier persona. Escoge lo mejor para tu vida o no escojas nada. Toma decisiones sabias ya que es mejor estar sola que mal acompañada. Sería ideal que una mujer se tome su tiempo antes de entrar en una nueva relación sentimental. Así evitará caer en nuevas relaciones sentimentales malas, deprimentes, abusivas, inestables y dañinas, donde las mujeres quedan atrapadas porque creen en una seguridad falsa. También aplica para aquellas que regresan a relaciones dañinas solo por no estar solas. Sé también selectiva con el tipo de amiga y los pretendientes que aceptas en tu vida.

Desprendimiento

Job 8:14-15

La falta de confianza en Dios pudiera ser la "telaraña" que te impide pasar de una vida miserable a una vida bendecida. O tal vez te apoyas y confías en cosas frágiles como telarañas. Las telarañas son esas cosas que aparentan sostenerte, pero que nada pueden hacer por ti. Ejemplos de esto son: el dinero, la brujería, el horóscopo, la suerte, los amuletos, las malas compañías, hacer trampas y muchas cosas más. Quedarse en la telaraña es desconfiar de Dios. Es como decirle a Dios: *"Necesito de algo más, porque creo que no eres suficiente para ayudarme"*. Deja que Dios obre en tu vida; hay cosas que tenemos que dejárselas a Él.

Conocimiento

1 Reyes 10:1-3

Busca el conocimiento a cualquier precio. Búscalo y pídelo hasta que lo recibas. Aprende a pedirle a Dios sabiduría, buen juicio y conocimiento. La sabiduría que viene de Dios no es lo mismo que ser inteligente, ni brillante, ni un genio; tampoco es tener buenas calificaciones en la escuela ni tiene que ver con tu profesión o carreras universitarias. Hay mucha gente inteligente en ciertas materias, pero que carecen de sabiduría divina y ni saben cómo manejar sus situaciones. Lo ideal sería tener sabiduría en todo. Una mujer sabia y con conocimiento toma buenas decisiones.

Cordialidad

Romanos 12:17-18

Alegrarse del bien de otros es un acto de humildad. Es reconocer que Dios le está dando a otra persona la bendición que tú deseas, pero aún así, te alegras. No tienes que ser amigo de alguien para ser cordial con esa persona. Deberías ser cordial y amable hasta con los desconocidos. No confundas esto con la hipocresía. La hipocresía es fingir, la cortesía es real. Trata a otros como quieres ser tratado. Da palabras de aliento al que las necesite. Regala un halago inesperado a otra mujer. La cordialidad es contagiosa. Debes pasarla.

Influencias

Proverbios 18:24

Sé una buena influencia para otros. Enseña lo que sabes. Emprende un nuevo proyecto que impacte y ayude a otros a progresar. Únete con personas que sean una buena influencia para ti y para tu familia. Comparte los recursos que encuentres. Una mujer influyente es un ejemplo para seguir en su familia y en su comunidad. Es una mujer que marca la diferencia, que piensa siempre en cómo ayudar a los demás. Con tu influencia, puedes cambiar vidas y dejar un legado en tu comunidad.

Madurez

1 Corintios 2:15

Mujer, es hora de madurar y de tratar cosas nuevas por el bien de tu familia. Sé muchas historias donde las mujeres hicieron hasta lo imposible por alejar a sus hijos de los padres, hablándoles mal de ellos. Estos mismos niños, al convertirse en adultos, sacaron sus propias conclusiones y comenzaron a relacionarse con sus padres. Así que te exhorto a que te examines y medites, dejes a un lado tu orgullo y tus limitaciones humanas y le dejes a Dios guiarte en lo que quieres hacer por tus hijos. Debes vivir agradecida que tus hijos no sean huérfanos de padre. Que sus padres aún vivan es una bendición que muchos niños no tienen. Si tienes una relación con el padre de tus hijos, excelente, sino comienza a desarrollarla. Piensa que un día tus hijos van a ser adultos y harán juicio de las decisiones que tomaste y de cómo estas afectaron su carácter, pensamientos y comportamiento. No influyas en tus hijos para que compartan tu opinión acerca de su padre. Separa la relación de pareja que tuvieron con la relación de padre a hijo. Aunque haya sido una mala pareja para ti, tal vez podría ser un buen padre para tus hijos. (Esto no aplica en casos donde el padre sea un abusador o cuando se tenga la certeza de que podría hacerle daño a su hijo)

Conexiones

Eclesiastés 4:12

Cuando tienes una relación con Dios, es más fácil establecer relaciones con los demás. Es muy importante desarrollar relaciones sanas y estar conectada con otros. Esto requiere un alto grado de madurez y compromiso. Necesitas crear alianzas, porque este "trabajo" es muy pesado para ti sola. No tengas pena o vergüenza en pedir ayuda. Piensa en personas que podrían ayudarte, que se puedan interesar por ti y pídeles que sean tus aliados cuando los necesites. No descartes a nadie. Al crear conexiones en tu comunidad tendrás una cuerda más resistente, aumentará tu apoyo y se facilitará más tu vida.

Rectitud

Salmos 7:10

Acostúmbrate a hacer lo correcto, aunque sea más trabajoso. Actuar con rectitud es difícil, especialmente cuando la necesidad es tu consejera. Por necesidad, algunas se alejan de lo que es bueno para ellas, porque buscan una salida fácil o porque se han cansado de esperar por las bendiciones de Dios. He visto mujeres que reciben dinero pasivamente de hombres a cambio de su compañía y amor. Otras se convierten en amantes del esposo que las abandonó o de un hombre casado, a cambio de ayuda. Ser una mujer correcta significa mantenerte firme en tus decisiones y convicciones morales, sin importar lo que tengas que enfrentar. Tienes que decidir cuáles cosas en tu vida no son negociables y mantenerte en el camino correcto. No vale la pena desviarse. No te dejes aconsejar por la necesidad; casi siempre es mala consejera.

Diligencia

Proverbios 31:21

Una mujer diligente es esa mujer que sabe estar alerta a lo que su familia necesita y está dispuesta a buscarlo. Ella procura, investiga, pide ayuda y establece relaciones por el bien de su familia. No es una mujer que deja el bienestar de su hogar a la suerte. Tampoco deja para otro día lo que puede hacer al momento; su familia es su prioridad. La mujer diligente se prepara de antemano y no solo provee alimentos a los suyos, sino que también se preocupa por su bienestar emocional y espiritual.

GOTAS SUCIAS PARADA 4

Manipulación

Eclesiastés 7:26

Tratar de manipular a otros para obtener o forzar algo que se desea nunca es una buena idea. Cuando esa persona se dé cuenta de que fue usada, jamás confiará en ti. No uses la manipulación como medio para controlar a alguien que te rechaza o que no quiere ayudarte. Vas a sentirte avergonzada de haber tenido que recurrir a técnicas bajas para obtener algo. Es mejor confiar en Dios. No fuerces tu plan usando la manipulación. Deja que Dios obre en tu vida.

Incertidumbre

Proverbios 16:1

No saber lo que te depara el futuro te podría dar ansiedad. Si es así, vivirás ansiosa cada día de tu vida. No sabes qué va a traer el día de mañana, ni siquiera sabes si vas a estar viva. Tú puedes hacer todos los planes que quieras, pero si no están alineados con el propósito de Dios para ti, todos fracasarán. Esto se resuelve poniendo en las manos del Señor tus deseos y los planes de tu corazón, y esperando que Él te colme de bendiciones por haber sido obediente y confiar en Él. No tenemos garantía de nada, pues no sabemos el plan de Dios. Escribe tus planes en lápiz para que puedas borrar, añadir y hacer ajustes según Dios te va mostrando su plan.

Aislamiento

Proverbios 18:1-2

Aislarse es una forma de protegerse de la vergüenza pública. Cuando la gente está bien, le gusta exhibirse y publicarlo. Cuando tratan de estar fuera del radar público, podría ser que estén pasando por algún proceso, y piensan que sería mejor que nadie los viera. Tal vez sienten bochorno o negación. Aislarse totalmente no es una buena idea ya que necesitas relacionarte con otros para encontrar la ayuda y recursos que necesitas. También es necesario pasar tiempo a solas para apartarse a meditar y a organizar los pensamientos.

Rechazo

Salmos 94:14

No le vamos a caer bien a todas las personas. Aún siendo adultas, podríamos sufrir de acoso por parte de otros adultos. Las personas acosadoras son aquellas que nunca maduraron y siguen como niños engreídos burlándose de los demás. Este tipo de personas hacen bromas pesadas sobre otros, se burlan de su físico, de alguna incapacidad o de la forma de hablar de alguien. No creas lo que el burlón dice sobre ti, probablemente sea falso. Ten compasión por el que está solo o falto de apoyo. Las mujeres que han sido abandonadas por un familiar o pareja saben lo que el rechazo significa. El peor de los rechazos es cuando te dejan abandonada sin compasión, sin recursos y sin previo aviso. Ahí es cuando Dios nos sale al encuentro para recordarnos que Él nos acepta y nos recoge. Tal vez fuiste abandonada por un humano, pero ya has sido recogida por Dios.

Conflictos

Proverbios 6:14

Desde los inicios de la humanidad, estamos teniendo conflictos unos con otros. No es fácil vivir en armonía debido a la diversidad de personalidades y opiniones. A veces, cuando tratas de buscar ayuda terminas en más problemas. No te desanimes y continúa tratando. Hay gente bien difícil a quienes hay que evitar. También vas a encontrar gente traicionera, problemática y otros que sacan ventaja del necesitado. Siempre mantén la calma y no te dejes contaminar con las malas actitudes de los demás.

Escribe a continuación tu selección de gotas en el centro del pueblo.

En la sección de gotas sucias, anota como se bendecirá tu vida al deshacerse de esa gota.

GOTAS LIMPIAS

1. _____
2. _____
3. _____
4. _____
5. _____

GOTAS SUCIAS

1. _____
2. _____
3. _____
4. _____
5. _____

GOTAS LIMPIAS PARADA 5

Les presento ahora las 10 gotas limpias y las 5 gotas sucias que recogí en el Conglomerado de Iglesias. Estas gotas fueron diseñadas para hablarle directamente al corazón de cada participante, pero en especial al corazón de la Mujer #1. Cada gota va acompañada de un verso bíblico, busca y lee estas porciones bíblicas y permita que Dios hable a tu vida.

Entrega

Lucas 13:10-13

Dios te encontrará, ya sea voluntaria o involuntariamente. Cuando llegue tu hora, no tendrás opción. Te entregarás a su llamado y no podrás rendirte. Ora para que Dios decida buscarte lo antes posible. Déjate encontrar. Resistirte solo atrasará tus bendiciones. Seguir por el mal camino traerá como consecuencia que tu camino sea más largo, más pesado y más peligroso. Definitivamente, es mejor rendirse a Él que vivir huyendo.

Dignidad

Filipenses 1:27

El propio Jesús demostró un cuidado especial por las mujeres rechazadas, criticadas y marginadas. Jesús trató a las mujeres con respeto y dignidad. Mucho se habla en estos días del empoderamiento de la mujer, como si eso fuera algo nuevo. Jesús empezó a empoderar a las mujeres miles de años atrás. La evidencia está en la Biblia. Lo hizo de una forma directa, para que no quede duda alguna que Él le dio a la mujer el lugar que le correspondía. Jesús confirmó la dignidad de la mujer. No aceptes condenación de parte de nadie. El que te va a juzgar ya te perdonó.

Compromiso

Romanos 1:16

Cuando comienzas una relación con Dios, se requiere un gran compromiso de tu parte. Requiere que tengas una nueva forma de vivir, pero sobre todo, que les cuentes a otros sobre esta buena noticia. No debemos sentir vergüenza de decirles a otras personas que conoces algo que es maravilloso para ellos. Esta noticia se debe esparcir igual que cuando te enteras de alguna buena oferta en el mercado, o cuando te cuentan una buena historia. Empieza ya a compartir las buenas nuevas.

Valentía

1 Timoteo 1:7-9

Construir una nueva vida requiere valentía. Renunciar a lo malo y decidir tener una mejor manera de vivir no será bien visto por todas las personas que te rodean. Encontrarás resistencia de personas que no entienden que has decidido cambiar, que deseas ser mejor. Defender tus convicciones morales y tu sano estilo de vida no debería ser un problema, pero lo es. Hay demasiado libertinaje, vicios, somos tan permisivos en la sociedad, que es como ir en contra de la corriente. Defiende lo que te conviene y te ayuda a ser mejor mujer. Pronto la gente se acostumbrará a tu nueva manera de vivir.

Perdón

Colosenses 3:13

El perdón cancela una pena o deuda. Tal vez estás batallando con culpas del pasado que no te dejan perdonarte a ti misma. O tal vez sientes que debes pedirles perdón a Dios o a otras personas que has ofendido. Si tienes que pedirle perdón a alguien, hazlo. Ora a Dios por discernimiento y dirección. Tal vez puedas hacerlo por carta, por teléfono o en persona. Hazlo como mejor te sientas, pero evita caer en confrontaciones. Sobre todo, perdónate a ti misma. A veces somos demasiado rígidas y se nos hace más fácil perdonar a otros que perdonarnos a nosotras. No podemos cambiar el pasado. Acéptate como eres y sigue por un nuevo camino. Dios te llevará de la mano. A veces Dios nos perdona y aceptamos ese regalo, pero nosotras somos incapaces de perdonar a otros.

Enriquecimiento

1 Pedro 2:2

Que tu deseo de buscar de Dios nunca termine. Estudia la Biblia, practica la oración, congrégate en alguna iglesia. Es sencillo hablar con Dios. Es como si hablaras con alguien que tienes frente a ti. Agradece, alaba y pídele a Dios lo que necesites. Desarrolla y amplía tu comunidad de fe, que serán parte del apoyo y de las relaciones que necesitas para tu familia.

Discernimiento

Hebreos 5:14

No todo lo que parece bueno lo es. No todo el que te diga que proviene de Dios, es de Dios. Aprende a discernir. Es la capacidad de separar lo bueno de lo malo, de acuerdo con tus convicciones. No creas todo lo que te digan o expliquen de la Biblia. No hagas lo que los demás hacen sin saber el porqué. Defiende tus creencias, pero primero confirma directamente de la Biblia que eso sea cierto y que Dios así lo explicó. Si no está en la Biblia, quiere decir que algún humano se inventó la idea que quiere que entiendas o adoptes.

Nueva vida

2 Corintios 5:17

Tú puedes mejorar o cambiar tu estilo de vida. No tienes que convertirte en una fanática religiosa para seguir a Jesús. Que tu nueva vida sea sencilla, sincera y pura. Cambia para ti, no para que te vean. Ese cambio es gradual. Comienzas por aborrecer cosas que antes te gustaban ya que sientes que no puedes esconderte de Dios. La apariencia externa no impresiona a Dios; Él conoce tu corazón. Permite que se note que algo está pasando en tu vida.

Escudo

Salmos 18:2

Dios puede ser tu escondite; el lugar donde te proteges de los que te quieren tirar piedras o perjudicarte. Muchas personas van a querer juzgarte sin saber tu historia. Que eso no te preocupe. Tú le rindes cuentas a Dios. Una vez que conoces lo que es la gracia de Dios, nunca nadie más podrá llamarte nombres despectivos, ni criticarte ni juzgarte. No aceptes condenación en tu vida. El pasado quedó atrás y no te lo tienen que recordar. Ya no tendrás más miedo, porque sabes detrás de quien te escudas.

Servicio

Mateo 9:36-38

Hay muchas ovejas sin pastor buscando una guía, una palabra de aliento, una esperanza. Comparte lo que has aprendido. Invita a otras personas a tu iglesia. Si no tienes una iglesia, busca una donde puedas congregarte y puedas servir en la obra del Señor. Las iglesias son comunidades donde la gente se apoya. Dona tus talentos y tiempo al servir de voluntaria en tu comunidad. Hay tanto por hacer y poca gente dispuesta a ayudar. No esperes a que todos tus problemas estén resueltos para ofrecer tu ayuda a otros. Es posible ayudar y ser ayudado a la misma vez.

GOTAS SUCIAS PARADA 5

Culpa

Miqueas 7:19

Aunque pasen años desde que cometimos una falla, seguimos de mártires, recordándonos lo imperfectas que fuimos y la mala decisión que tomamos. No podemos vivir así, cargando con tanta culpa. Es mejor dejar atrás esos recuerdos. Recordar tus imperfecciones no te ayuda en nada. Dios nos perdona, pero nosotros seguimos cargando la culpa por pura elección, no por necesidad ni obligación. Echa tus culpas al fondo del mar, y olvídalas. Ya Dios se olvidó de ellas.

Religiosidad

Mateo 23:4

En el mundo abundan las personas de carácter religioso. Estos son personas que creen saber mucho de la Biblia y la usan para condenarte y acusarte. Son esos que te recuerdan tus pecados, pero esconden los suyos. Son los que siempre están mirando de lejos y muy serios, a ver como fallas, para tirarte la primera piedra. Debes saber que, aunque ellos hablen y actúen en el nombre de Dios, están enseñando todo lo contrario a lo que Jesús nos enseñó a través de su ejemplo. No recibas las palabras de condenación que te ofrezcan.

Cuestionamiento

Salmos 35: 22-24

Aunque no lo admitamos públicamente, la mayoría de nosotras le hemos cuestionado a Dios por qué ha permitido que pasemos por situaciones adversas. También le hemos preguntado por qué se tarda tanto en auxiliarnos. ¿Acaso no es Dios y sabe lo mucho que estamos sufriendo? Yo no tengo la respuesta a esa pregunta, ya que yo misma me la he preguntado muchísimas veces. El único consuelo que puedo ofrecerte es que Dios tiene un propósito y planes de bien para cada una de nosotras. También sé que mientras más humildes seamos delante de Él, más fácil y más pronto saldremos de cualquier situación difícil que tengamos. Debemos alabar y confiar en Dios en las buenas y en las malas. No podemos buscarlo cuando lo necesitamos y olvidarnos de Él cuando la vida nos sonríe.

Superstición

2 Crónicas 33: 6-7

Sé lo que se siente cuando no encuentras las respuestas que buscas. Las quieres saber ahora mismo, y Dios no te las contesta tan rápido como tú quieres. Podrías ser blanco fácil de las supersticiones, y de todas las demás cosas que menciona el verso bíblico de referencia. Estas prácticas se disfrazan como que son parte de nuestra cultura. Lee lo que dice la Palabra de Dios sobre este tema y conocerás que no son del agrado de Dios. El único espíritu en el que podemos confiar es en el Espíritu Santo, que es Dios mismo.

Pecados

1 Corintios 6:18

Cambia tu antigua forma de vivir. Si algo te separa de Dios o no te hace bien, es probable que sea pecado. Aprende sobre la Palabra de Dios para que sepas discernir si algo es pecado o no. Aleja de ti todo lo que no te deja avanzar, lo que te encadena a una vida de miseria y vergüenza. No prestes tu cuerpo para el gozo y disfrute de un hombre que no es tu esposo. Este concepto de abstinencia no significa vivir a la antigua; es la forma correcta de vivir. Respeta tu cuerpo, cuida tu corazón, y aleja de ti todo lo que te pueda causar daño. No eres una cosa para ser usada, eres una mujer hecha a la semejanza de Dios para ser bien amada.

Escribe a continuación tu selección de gotas en el Conglomerado de Iglesias.

En la sección de gotas sucias, anota como se bendecirá tu vida al deshacerse de esa gota.

GOTAS LIMPIAS

1. _____

2. _____

3. _____

4. _____

5. _____

GOTAS SUCIAS

1. _____

2. _____

3. _____

4. _____

5. _____

GOTAS LIMPIAS PARADA 6

Les presento ahora las 10 gotas limpias y las 5 gotas sucias que recogí en el jardín. Estas gotas fueron diseñadas para hablarle directamente al corazón de cada participante, pero en especial al corazón de la Mujer #1.

Fe

Hebreos 11:1

Muchas veces y sin mala intención repetimos frases que reflejan derrota, pesimismo y falta de confianza en Dios. Quiero que sepas que Dios tiene excelentes planes para tu vida y que es *"mejor tarde que nunca"* y que *"el último que ríe, ríe mejor".* Dios cambia las vidas de las mujeres, al punto de dejar maravilladas a las personas que les rodean. No importa lo que eres hoy o lo que fuiste, Dios todavía puede hacer algo grande con tu vida. Somos unas mujeres preciosas creadas por un Dios que no se equivoca. Él te creó con un plan agradable y perfecto para ti; solo tienes que descubrirlo y apoyarlo. No te resistas al plan de Dios.

Receptividad

Joel 2:25-27

Que hoy tengas las manos vacías y la tierra seca, no quiere decir que te quedarás así para siempre. Empieza a coleccionar semillas, a sembrarlas y a ver cómo producen más de lo que jamás pudiste imaginar. En vez de quejarte, dile a Dios:

"Señor, compénsame por los años que creo haber perdido y en los cuales no pude dar lo mejor de mí. Hazme justicia, Señor. No me dejes sin las bendiciones que me han sido arrebatadas. Señor, esta promesa de restitución la hago mía. Tú sabes los 'saltamontes', las 'plagas' y los 'insectos' que me han atacado, y que se han comido y destruido mi cosecha. Restitúyeme, devuélveme y compénsame por todo lo que se llevaron y dañaron en mí. Dame una nueva cosecha lejos de todo lo que me hacía daño. Deseo una cosecha que yo pueda recoger en paz y que sea de bien para mi vida. Señor, ya aprendí las lecciones que Tú querías que aprendiera. Ya estoy receptiva para cosechar y para seguir sembrando".

Reevaluación

Proverbios 26:11

Aprende de una vez y para siempre. Dios no quiere que repitas errores del pasado. A veces necesitamos que nos hablen de frente y con la verdad para poder ser mejores personas. Evalúa tu progreso y haz ajustes donde sea necesario. Si necesitas cambiar de rumbo, hazlo. Está bien tratar más de una vez, pero jamás retrocedas a tu vida antigua. Piensa en tus gustos, preferencias y elecciones. Analiza si eso te ha ayudado o perjudicado en las decisiones que has tomado automáticamente en tu vida, basadas en preferencias ya preestablecidas. Para no repetir los mismos errores, analiza las decisiones que tomas, cuando las haces y de que formas las haces. Tal vez te motiva un impulso, un desquite, un capricho o una necesidad. Prométete que analizarás a fondo todas las alternativas antes de tomar decisiones importantes en tu vida.

Visión

Lamentaciones 3:21-24

Planifica tu vida sabiamente. Algunas áreas críticas son: finanzas, empleo, familia, educación, salud, espiritualidad, nuevas relaciones y relación con Dios. Establecer una visión para tu vida es la clave para asegurar un mejor futuro. Visualiza la vida que deseas vivir, planifica y preséntale tus planes a Dios. No te rindas ante la adversidad, pero si ves que un plan no se concreta a pesar de tus esfuerzos, tal vez Dios quiere que tomes otro camino. Despierta cada mañana con la esperanza de que hoy será un mejor día que ayer.

Renovación

Salmos 30:11

Tal vez hoy sea el día en que comiences a cambiar tu ropa de luto por ropa de alegría. El luto que usas es todo aquello que te ocasiona tristeza, pesimismo y que te recuerda un pasado que no edifica. Tal vez estás lista para irte quitando la ropa de luto, pieza por pieza. No te la tienes que quitar toda en un día. Dale tiempo a Dios y a ti misma. De seguro que con la ropa que refleja la alegría, te verás mucho mejor que con la de luto. Anímate mujer; ya eres libre para ponerte ropa de gozo y positivismo. Eres libre para expandir tus horizontes, para vivir tus propios sueños y para respirar aires de tranquilidad. Disfruta esta etapa. Renuévate.

Alineamiento

Jeremías 29:11

No fuerces tus planes. Haz tu parte y deja que Dios actúe. No digas *"antes de un año voy a tener esto o aquello".* Sería mejor decir: *"Me estoy preparando para cuando ese momento llegue. Voy a poner mi vida en orden y voy a orar para que se cumpla la voluntad de Dios".* Siempre estamos forzando cosas en nuestras vidas y no dejamos a Dios obrar. Cuando se une la mano de Dios con nuestra intención y sacrificio, grandes cosas pueden pasar. No pretendas que Dios te cumpla cada uno de tus caprichos; Él sabe lo que es mejor para ti y te dará lo que sea necesario para bendecir tu vida.

Buena actitud

1 Tesalonicenses 5:16

De ahora en adelante le vas a decir a todos lo bien que te va y las bendiciones que Dios ha derramado sobre ti. La gente no espera de ti ese tipo de respuesta, pero tú vas a dar testimonio de lo que Dios ha hecho en tu vida y así edificarás y sorprenderás a los demás. Aprende a disfrutar la soledad y aprovecha este tiempo para desarrollar tu autoestima. Déjale saber al mundo que eres feliz. Cada día es un día nuevo, aprovéchalo. Da gracias anticipadas por lo que vas a recibir. Créele a Dios de antemano. En Él puedes confiar. Aléjate de la gente pesimista que cree que lo peor está por llegar. Sigue esperando las bendiciones y con una buena actitud.

Carácter

Proverbios 31:29

Aléjate de malas influencias y de la gente que te ofrece salidas rápidas para tus problemas, tales como vicios, promiscuidad, brujería, superstición o incorporar un estilo de vida de "divorciada alegre". Parte de la mala percepción que la sociedad tiene de las mujeres sin marido se debe a que algunas adoptan este estilo de vida, porque parece ser el más fácil y menos doloroso, o porque quieren vengarse de alguien con esa supuesta felicidad. La verdadera felicidad y el verdadero cambio llegan cuando cultivas tu interior y tu relación personal con Dios. Ese es el estilo de vida que más sorprende a la gente, y es el que Dios quiere para ti. Él quiere que vivas alegre y que lo demuestres, pero que nada malo te suceda y sin comprometer tu moral. Dios quiere restaurarte. Cuando lo conoces, tu concepto de alegría cambia para siempre.

Multiplicación

Marcos 4:20

Hay días, meses y hasta años que son largos y tediosos. Son esos momentos en los que sientes que siembras y siembras, pero nada cosechas. La siembra es un proceso que requiere paciencia, planificación, arduo trabajo y mucha dedicación. Si siembras una semilla fuera de temporada no va a germinar. Cuando por fin logras que la semilla germine, si no la riegas regularmente y la proteges de los insectos y plagas, se muere y no da fruto. Igual pasa con los procesos de la vida. Querer adelantarse a la temporada, tener prisa, ser inconsistente o no cuidarte como te mereces, solo lograrán que nunca germine ninguna de las semillas que siembres en tu vida. Si esperas con paciencia mientras siembras, recogerás los mejores frutos de tu vida. Solo sembrarás alegre y confiada cuando entiendas que Dios está en control de tus semillas, de tu tierra y de tus frutos. A su debido tiempo, Dios te hará recoger una cosecha saludable y abundante. A la siembra que Dios bendice no hay plaga, ni insecto, ni tormenta que la arruine. No dudes, tu cosecha será multiplicada.

Originalidad

Jeremías 1:5

Eres única e irrepetible y así mismo será tu cosecha. No necesitas compararte con las demás mujeres. Mucho menos tienes que competir con los hombres. No tienes que ser madre y padre. Eres suficiente como madre. Mantén tus roles, desempéñalos con excelencia y defiende tu identidad. Aprende a vivir cómoda en tu rol y satisfecha con la vida que tienes. Puedes ser tú misma, no hay nadie igual que tú. Dios te hizo única, te dio talentos, inteligencia, sabiduría y muchas cosas más.

GOTAS SUCIAS PARADA 6

Envidia

Eclesiastés 4:4

La envidia es un sentimiento despreciable que no deja a una persona ser feliz ni vivir su propia vida, ya que detesta, odia, le revienta, le abochorna, le desquicia y le incomoda lo que Dios ha hecho con otras personas y lo que les ha dado. La envidia es un desafío contra Dios. Hay que tener un corazón sano y libre de envidias para empezar a ver bendiciones en tu vida. No te enojes por la prosperidad de los demás, aunque consideres que esa persona no se merece nada bueno. Alégrate cuando alguien está bien, y sigue esperando tu turno. Estoy segura de que algún día recibirás lo que esperas. Desea lo mejor para otros si deseas ser bendecida.

Complacencia

Romanos 12:2

Desde que somos niñas estamos recibiendo órdenes, sugerencias, castigos, imposiciones y toda clase de cosas que nos doblegan el ánimo, el futuro, la personalidad y la felicidad. Fíjate que según pasan los años, siempre tienes a alguien tratando de decirte lo que tienes que hacer. Hay reglas que debemos seguir porque son universales, bíblicas o las leyes de tu país. Mujer, cree y obedece a Dios. Aspira a seguir los deseos de tu corazón siempre y cuando no te hagas daño ni perjudiques a alguien más. Deja de pedir tantos permisos, no sea que mueras sin realizarte en nada por haber decidido continuar recibiendo órdenes y obedeciendo a todo el mundo menos a Dios. Aprende a consultar a Dios en oración y a esperar pacientemente por su respuesta.

Limitaciones

Salmos 73:26

Hay días que, aunque trabajas mucho, sientes que no lograste nada. Se espera tanto de nosotras que cuando no cumplimos con las expectativas, vivimos con una sensación de fracaso. La mayoría de las mujeres viven agotadas, sobrecargadas y preocupadas, al punto que vivir en automático. Hacemos lo mismo día tras día. No tenemos tiempo para nada personal, ni siquiera permitirnos un antojo. ¿Será que ya no puedes ejercitarte, leer un libro o tomar tiempo para lo que se te antoje? Con el tiempo he aprendido a no medir lo que logro en el día en comparación con lo que logran los demás. Me comparo conmigo misma y lo que adelanté de ayer para hoy. Haz un esfuerzo por lograr hoy un poquito más de lo que lograste hacer ayer. Aunque no sea mucho, te hará subir de nivel poco a poco hasta que llegues a tener una vida normal y sin sobrecarga.

Apariencias

1 Samuel 16:7

La gente se deja impresionar por la apariencia de las personas. A veces se crean una percepción falsa de alguien tan solo por mirarla exteriormente. Juzgan su condición económica y social por el carro que maneja, por su educación, por los títulos que ostenta o por su facilidad de expresión. Es como si el valor de un ser humano estuviera atado a las apariencias. Dios no se deja impresionar por las apariencias. Él conoce los corazones. No te dejes manipular ni amedrentar por alguien que se cree mejor que tú. Dios le podría dar una tremenda sorpresa. No aparentes lo que no eres. Delante de Dios no funcionan esos trucos. Dios escudriña el interior de las personas. No vivas de apariencias y sé real.

Hipocresía

Lucas 17:4

Es probable que en el fondo de tu corazón albergues una esperanza de recibir un *"perdóname"* de parte de esa persona que te hirió. Probablemente nunca lo llegues a escuchar, de manera que no retrases la sanación y restauración de tu alma, esperando a que esa persona diga algo que te haga sentir mejor. Para aquellas que sí reciben un *"perdóname"*, Jesús te exhorta a aceptar ese perdón sin hipocresía y sin importar cuántas veces esa persona te hirió. ¿Significa eso que tienes que aceptar esa persona otra vez en tu vida? Tal vez sí, tal vez no. Quizás tú necesitas pedir perdón a alguien por tus acciones. Dar este paso te dejará libre de resentimiento, amargura y culpa. Sentirás que ya hiciste tu parte, y queda de la otra parte el perdonarte. Al pedir perdón sinceramente, serás liberada.

Escribe a continuación tu selección de gotas en el jardín (Ver ejemplos al final del libro)

En la sección de gotas sucias, anota como se bendecirá tu vida al deshacerse de esa gota.

GOTAS LIMPIAS

1. _____

2. _____

3. _____

4. _____

5. _____

GOTAS SUCIAS

1. _____

2. _____

3. _____

4. _____

5. _____

"Las mujeres sin marido son
una fuerza poderosa que
puede alterar el panorama
económico, político o social
de un país."

MUJERES SIN MARIDO
¡Únanse a nuestro movimiento internacional!

SAMARITANADELPOZO.COM

Recorte y Comparta las 6 Promesas

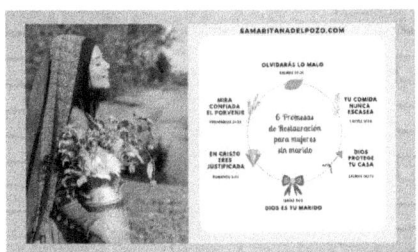

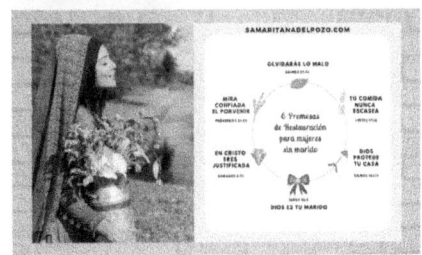

Recorte y Comparta las 6 Promesas

CPSIA information can be obtained
at www.ICGtesting.com
Printed in the USA
FSHW020101100520
69794FS